现代汉语被字句研究

游舒 著

北京语言大学出版社
BEIJING LANGUAGE AND CULTURE UNIVERSITY PRESS

图书在版编目（CIP）数据

现代汉语被字句研究 / 游舒著 . -- 北京 : 北京语言大学出版社，2016.7
ISBN 978-7-5619-4602-2

Ⅰ. ①现… Ⅱ. ①游… Ⅲ. ①“被”字－研究 Ⅳ. ① H146.2

中国版本图书馆 CIP 数据核字（2016）第 171416 号

现代汉语被字句研究
XIANDAI HANYU BEI ZI JU YANJIU

排版制作：北京创艺涵文化发展有限公司
责任印制：姜正周

出版发行：北京语言大学出版社
社　　址：北京市海淀区学院路 15 号，100083
网　　址：www.blcup.com
电子信箱：service@blcup.com
电　　话：编辑部　8610-82303647/3592/3395
国内发行　8610-82303650/3591/3648
海外发行　8610-82303365/3080/3668
北语书店　8610-82303653
网购咨询　8610-82303908
印　　刷：北京科印技术咨询服务公司

版　　次：2016 年 7 月第 1 版　　印　　次：2016 年 7 月第 1 次印刷
开　　本：787 毫米 ×1092 毫米　1/16　　印　　张：12
字　　数：182 千字
定　　价：38.00 元

PRINTED IN CHINA

本成果受到中国人民大学“统筹支持一流大学和一流学科建设”经费的支持。

前言

现代汉语被字句，这并非一个新题目，相反是已有成果比较多的。不过，其研究仍有清晰化和深入化的必要，如王振来在《现代汉语被动表述立体化研究 · 后记》中所说，“深入进去之后，才知道这里还有许多未开采的矿藏，虽然有的已经开采了，但还有继续挖掘的必要。”

本书主要包括五方面的内容：第一章是绪论，主要对被字句的研究现状进行了梳理，并厘清了一些基本的概念，如被动句和被字句。第二章是被字句的基本格式，我们对被字句的五类下位句式进行了分析，归纳了其句法语义特点，并利用语料库，进行了定量分析。第三章是被字句的成分隐现及其制约因素，通过对被字句成分隐现状况的分析，说明被字句成分的隐现不仅是组形的问题，还受到深层的语义表达和信息传递规律的制约。第四章是被字句与话题句的转换，讨论“被”能否去除而成功地变为话题句，本章同样利用语料库进行了定量分析。第五章是被字的新用法，讨论了“被 ××”(“被就业”“被增长”等）这类流行语的句法语义语用特点。

在研究中，我们发现了一些有意思的现象。比如，一些定量分析的数据跟我们的预想不太一样，我们本以为“A 被 BVR”式应该是被字句的基本句型，比例应该是最高的，而实际上该句式只占五分之一。而“A 被 BVO”式却占 39%，其中使成类的宾语（“被评为”类）最多，这可能跟评价性的社会体系有关。另外，众所周知，被字句的动词一般不以光杆形式出现，可在实际语料中，“A 被 BV”式排第三，占 21%，可见这一句式出现的频率并不低，该句式的使用条件并不像想象的那么高。

考虑到汉语中的趋向补语是一个封闭的小类，我们对带趋向补语的被字句进行了全量搜索，发现了一些有意思的现象：1. 从意义上看，趋向补语与动词有很强的关联性。比如，趋向补语“下去”与表示“压”意义的动词搭配出现的比例非常高，“镇压”“压”“压制”占总比例的 56%；又如，趋向补语“到”与“看听闻”等感受类动词搭配较多，占 46%。2. 从音节的搭配性来看，趋向补语被字句中，V 和趋向补语在音节方面存在对应性。当 V 为单音节动词时，趋向补语可以为单音节，也可以为双（多）音节；但是当 V 为双音节动词时，趋向补语大部分为双音节，而几乎不能为单音节，其原因可能跟汉语的韵律搭配有关。

被字句去掉“被”变成话题句，能够成立的比例非常小。其原因除了句法的制约、语义的致歧性以外，成分缺省也是重要因素。对于带宾语的被字句（完全式），大概有一半是因为缺少复指性成分，所以不能转换为话题句；对于不带宾语的被字句（简化式），这一比例更高。

书稿得以完成首先要感谢我的导师萧国政教授，萧老师是我从事语法研究的引路人。他肯定了我选题的意义和价值，我才有信心将这一研究进行下来。他的“三个世界”的语法理论，也对本书有重要的指导意义。感谢萧老师对我的悉心指导和对我一直以来的关心和帮助！

感谢北京语言大学出版社编辑史健的大力支持和辛勤工作！

感谢我的先生和女儿。我为了修改书稿，牺牲了不少陪伴家人的时间，他们的支持让我得以静心完成工作。

最后要特别感谢中国人民大学“统筹支持一流大学和一流学科建设”经费的资助！

限于学识和视野，书中肯定有不少错误和缺点，恳请各位专家、同行指正。

游舒

2016 年 3 月于时雨园

目录

第一章　绪　论

第一节　被字句研究综述

被字句的研究一直是语言学界的一个热点，从研究的视角来看，主要有古近代汉语被字句研究、现代汉语共同语被字句研究、现代汉语方言被字句研究、英汉被字句比较研究等四个方面。这里我们重点考察了现代汉语共同语，即现代汉语普通话中被字句的研究。

1.1　被动句的研究

1.1.1　被动句的定义与范围

被动句的定义与范围，是学界争议较多的一个问题。关于被动句，有些学者称之为被动式。王力（1985）认为除了有“被”字的被动式外，还有一种没有“被”字的被动式，在形式上和主动式一样，只在意义上是被动的。他指出“凡叙述词所表示的行为为主位所遭受者，叫做被动式。”龚千炎（1980）认为在现代汉语中，“施事”充当主语的句子可称为“施事主语句”，也可称为“主动句”；“受事”充当主语的句子可称为“受事主语句”，也可称为“被动句”。可见，与王力先生相同，他把“被动句”等同于“受事主语句”。执此看法的还有宋玉柱（1991）。劲松（2004）认为被动句是一种置换句，“置换”的概念基于汉语以主动态表达为主的类型特征和人类认知的顺序。被动态包括三种置换：语法上的主宾置换、语义上的施受置换和语用上的话题主次置换。以往仅从上述的一个方面下定义，显然不够全面。她进一步认为，从表述而不从所谓的语法范畴出发，现代汉语的被动态句子有两种：一种是带标记的，比如使用语义标记“挨、受、遭”之类的动词或者使用带语法标记的表示施受关系的“被、给、叫、让”之类的介词或者表示被动语态的“被、给”之类的助词；另一种是不带标记的。因此，被字句只是被动句的一种，被动句的范围远远大于被字句。劲松的定义是迄今所见最为宽泛的。可见，上述学者都认为无标记被动句属于被动句。

洪心衡（1956）认为一般语法学家所谓没有“被”字的被动句并非被动句，他认为这种句子的目的是在描写、论断以及记述事实，所用的动词虽然跟主语有动宾关系的可能，也没有被动意思的表示。刘叔新（1987）也反对把意念受动句定为被动句，他认为这类句式只是主语在逻辑的意念上受到活动的支配，并没有相应的语法形式来充作这种意念的表现标志，而逻辑的意念同语法关系是两回事，不能据此做出语法的结论。江蓝生（1989）把现代汉语的被动式系统划分为：A.“被”字式，“被”来自动词“被”的“遭受”义；B.“叫”字式、“让”字式，“叫”“让”来自使役动词；C.“给”字式（方言词有“畀”“拨”“把”“乞”），来自授与动词。上述学者都不把无标被动句当作被动句。我们赞同后一种观点，认为所谓的无标记被动句不宜归入被动句，详细阐述见本章 2.2 小节。

关于“挨、受、遭”类动词构成的句子，劲松（2004）认为是被动句，而王力（1985）认为是类似被动式的主动句。刘叔新（1987）也持相同的观点，认为它们所谓表示被动，是词的词汇意义本身在起作用，并非语法上被动关系的表现。所以，由“挨、受、遭”等构成的句子不属于被动句。

1.1.2 汉语中的各类被动句

按照江蓝生（1989）的分类，现代汉语的被动式系统包括“被”字式、“叫”字式、“让”字式、“给”字式。有些学者认为汉语中的被动句还包括由字句，讨论的文献包括白荃（1998）、岑玉珍（1994）、吕文华（1994）、张谊生（2004）等。白荃（1998）认为对于“由 + 施事”结构位于句首的“由”字句，现行一些语法论著或语法工具书中往往避而不谈，或者表面上说这类句子是无主句，同时也就暗指“由 + 施事”做状语，也有的不管“由 + 施事”在什么位置都看作是状语。针对这一情况我们论证指出，“由 + 施事”结构位于句首时其语法功能是做主语而非状语，这类

“由”字句是主谓句而不是无主句。岑玉珍（1994）认为“被”和“由”在句子中有一类相同的语法作用——引介行为、动作的发出者，文章论证了两种句式在语义上的明显差异和在结构特点以及用法上的许多不同之处。李卫中（2000）主要考察了“由 X”位于句首时的格式及与“由”字相关的固定格式，在三个平面语法理论的指导下，分析它们各自不同的句法、语义、语用特征。

张谊生（2004）认为由字句是一种非典型的被动句式，对于由字句固有的两种句式，即“里长还得由我担任”(A 式）和“还得由我担任里长”(B 式)，他认为“由”在 A 式中引出动作施事，A 式是结构关系被动句，是狭义的施受意义上的被动；“由”在 B 式中是一个非自主标记，所以 B 式是标记格式被动句，是广义的意念表达上的被动。可见，张文是从施受关系和“非自主”这样两个角度来定义被动的。他还比较了由字句和被字句，认为从结构上看由字句和被字句在谓语动词、核心论元、附加成分、变化形态等方面存在区别；从表达上看，两种句式在句式语义、表义重心、信息焦点、语用倾向、时体特征等五个方面具有差异。从句式意义上来说，由字句的句式义是：某人执行或从事某项工作，某项事物归某人管；被字句的句式义是：某人某物受到某人的处置或影响产生了某种结果。

桥本万太郎（1987）认为汉语被动结构的书面标志（“被”）和口语标志（“叫”“让”等）之间的最大区别是：前者只是个及物动词而后者却是从使动动词派生来的（桥本万太郎把被字句中的“被”看作动词，详见本章 1.2.1）。这两者之间其实有重大的类型学上的区别：汉语南北方言在被动标志上最显著的区别是：使动 – 被动兼用只限于北方，而南方却保留着“给”或由其同义词转化来的被动标志。这很明确地联系到东亚大陆南北方非汉语被动结构——南方语言大半保留着给予 – 被动兼用式，而北方（特别是和汉语多有接触的通古斯 – 满语族和一些蒙古语族语言）兼用使动 – 被动标志。

王振来（2006）认为被动标记的选择受语体限制，他统计了被动标记在语体中使用的情况，得出结论认为，“被”无论在书面语语体中还是在口语语体中都适用，而且使用比例最大，具有扩大之势。“叫、让、给”则不能用于书面语体中，只能用于口语中。另外，“被”倾向于比较正式的场合或严肃、严重的事情；而“叫、让、给”倾向于非正式场合，常用于无关紧要、严重性不大的事情。

1.2 被字句的研究

关于被字句的定义，龚千炎（1980）把有被动形式标志的句子叫“被字句”，把没有被动形式标志而有被动意义的句子叫“非被字句”。李珊（1994）对被动句、被字句、无标记被动句的定义如下：表示被动意义的句子通称作被动句，一种带有形式标记，一种不带形式标记。带有形式标记的叫作被字句，不带形式标记的，没有专名，或叫作表示被动意义的句子，或叫作意义上的被动句，或宽泛一点，叫它“受事主语句”。上述两位学者对被字句的定义比较宽泛，还包含了叫字句、让字句、给字句等。

刘月华（2001）指出，有的句子，在谓语动词前有一个表示被动意义的介词“被”或由“被”组成的介词短语做状语，这种句子叫被字句。邢福义（1996）指出被字句是以“被”为字眼标志的句式。这两位学者对被字句的定义比较单一，只包括以“被”为标记的句子。本文采用邢福义（1996）的定义，认为所谓被字句就是以“被”为字眼标志的句式。

1.2.1 “被”的词类

现代汉语“被”字句中，“被”的词类问题一直是语法学界争论的一个焦点。归纳起来，大体上有以下两种说法：

1. 两分说

现代汉语“被”字句可以两分为“NP＋被＋NP＋VP”和“NP＋被＋VP”，这也是“被”字的句法地位引起众多争议的重要原因。大部分学者因此主张把“被”字两分为表示施受关系的介词和表示被动语态的助词，比如吕叔湘（1980）、唐钰明（1987）、劲松（2004）和很多现代汉语、汉语语法教科书的编者，如《现代汉语（全一册）》、《汉语语法学》等。这应该是目前学界的主流观点。

Shi（1997）、石定栩（1999）提出普通话被动句有两个“被”字：一个是引领施事的介词，而另外一个是附加在动词上的被动形式标记，相当于附加于英语动词的被动标记“-en”。

2. 归同说

与上述观点不同，也有很多学者认为两分法不合适，比如李临定（1986）。他认为在语言的使用中，在一定的条件下，某一个成分往往是可以省去的。如果仅仅根据这一点，就做出两种完全不同的分析，这会把简单的问题复杂化。所以，两个“被”实际上还是同一个“被”。不过，李文回避了对“被”词性的判定，只说“被”的语法功能是：构成被动句，一般使名$_{受}$位于句首。有的学者在对两个“被”做了归同认定的基础上，进一步断定了它的词性。这里又有两种观点：

其一，介词说。金允经（1996）认为在一定的语境中，如果表达需要的话，“被”的后面总是能添补出某种成分来的，既然如此，“被”后面的成分显然是省略掉了。因而，应该把两种“被”统一看成介词，而且二者不但词性相同，语法意义也完全相同，都表示被动意义。执此看法的还有朱德熙（1982）、刘月华（2001）。

其二，动词说。桥本万太郎（1987）认为“发明出‘介词’和‘副词’这两种不同标签并不能解决什么问题——只是说前者带、后者不带宾语而已。这是个典型的循环论证。”而如果把“被”字解释为（及物的）动词而把“被”字以后的词组当作这个及物动词的宾语的话，就能解决把“被”看作介词无法解释的一系列问题。

本书认为，从“被”的语法化历程来看，“被”的词性应该两分，即对“A 被 B + VP”格式来说，当 B 出现时，“被”为标示施受关系的介词；当 B 不出现时，“被”为表示被动语态的助词。

1.2.2 被字句的类型

学者们从不同的角度对被字句进行了类型的划分。刘叔新（1987）从被动关系的强弱入手，把被字句分成三类：施事不出现的（a 式）、施事出现的（b 式）、“被……所 / 给”式（c 式）。他把施事不出现的被字句称为强式被动句。理由是它在主被动上只表现出与主语的被动关系而别无牵扯。其被动关系是纯粹的，只凭着形态词，被动关系无可置疑地、完全地表现了出来，这种被动关系也显得真实而充分。

施事出现的被字句是弱式被动句，因为被字短语和谓语动词有着修饰性的施动关系，谓语动词从主语方面看有被动性，而从状语方面看又有主动性，因而谓语动词和主语间的被动关系显得有点模棱、含混而不纯粹。刘文不同意 a 式是 b 式的“简化”或“省略”这样的说法，从历史上看，a 式和 b 式出现得同样早，而且还有 a 式比相应的 b 式早产生几个世纪的事实。另外，“叫 / 让”被动句一般不能“简略”出相应的强式格式。可见，a 式和 b 式在结构上是不同的，前者并非后者的省略式。与此相反，倒存在弱式被动句向强式被动句靠拢的迹象，这牵涉到 c 式，其被动关系的表现是这样的：通过施动修饰的介宾短语暗示谓语动词与主语的被动关系，同时又以形态词表明所依附的动词的被动性；句法手段不太明显的间接暗示，由词法手段的直接表示弥补和加强。从历史上看，c 式的产生要晚于 b 式，可见，c 式被字句是对 b 式被动关系加以强化的产物，体现了弱式被动句向强式被动句的靠拢。所以，c 式被字句可以称为准强式被动句。

宋玉柱（1991）从结构入手，把被字句分为四种格式：(1)“被（叫 / 让 / 给）”引进施事；(2)“被 / 给”直接附着于谓语动词；(3)“被……所”式；(4)“被（叫 / 让）……给”式。宋文还重点分析了被字句的谓语，认为动词后边常带有某些附加成分，例如：(1) 动词后带动态助词“了 / 着 / 过”。(2) 动词后带补语，补语的类型有：结果补语、情状补语、趋向补语、动量补语、时间补语、介词结构补语等。(3) 动词后带宾语，宾语的类型有：宾语与主语有领属关系，或是主语的一部分；宾语表示动作产生的结果；宾语表示接受事物的对象，相当于近宾语；宾语表示动作所借以进行的材料，近乎工具宾语；宾语与动词组成一个惯用语。(4) 谓语中心为连动结构。

李临定（1986）结合了被字句语法语义的特点，把“被”字型分为 31 类，如：名$_{受}$+ 被 +[名$_{施}$]+ 动、名$_{受}$+ 被 + 名$_{施}$+ 所 + 动、名$_{受}$+ 被 + 名$_{施}$+ 给 + 动、名$_{受}$+ 被 + 名$_{施}$+ 把 + 名$_{受}$+ 动。作者在文中具体分析了各个句型的句法特点，还有它们从主动句变换为“被”字型的方式。

1.2.3 被字句的句式意义

对于被字句被认同于“被动语态”的观点，薛凤生（1994）认为这是一种错误的认同，并做出了两方面的论证。首先，其证明了不是所有的被字句都有被动的意思；其次，不是所有表示被动意思的句子都用“被”字。基于此，我们提出，这种特殊的句法结构必定有自己特殊的语义诠释。薛文将“被”字句的句法结构描述为“A被B + C”这一抽象公式，其中A和B代表名词性成分，C代表一个描述性的陈说，被字句的句法 – 语义特性被定义为“由于B的关系，A变成C所描述的状态”。张谊生（2004）的看法与此类似，他认为被字句的句式义是：某人某物受到某人的处置或影响产生了某种结果。

王振来（2006）认为被字句的整体意义是：有施事NP_1作为起因的，针对受事NP_2，以VP的方式进行的，使NP_2实现了一种变化，或产生了某种影响或结果。他归纳被动表述的语义特征为 [– 自动] [+ 承受性] [+ 影响 / 结果]。

可见，三位学者对被字句句式意义的归纳都凸显了“状态”和“结果”，意义是趋于一致的。我们认为，被字句的句式意义可以概括为：说话人主观认定一个对象受到了某种动作行为的影响，并叙述了该对象受影响的状态。

1.2.4 被字句的语义倾向

多数语法学家认为被字句表示贬义。对于被字句“表示不幸或不愉快的事情”对谁而言，有以下几种见解：(1) 被动式所叙述的不如意、不企望的事，是对主语而言的，如受祸、受欺骗、受损害、引起不利的结果等等（王力，1957）。(2) 所谓不愉快、不如意指的是后面动词所表示的动作。有些动词所表示的动作绝对是不愉快的；有些动词所表示的动作无所谓愉快不愉快，甚至是愉快的，但动作在某种情况下是某人不希望发生的，或由这个动作产生了不愉快的结果（王还，1984）。(3) 不如意、不企望的事情，有时不是针对主语说的，也不是针对句子里的其他成分的，而是对说话的人（未进入句子）来说的。如意不如意，也不能单从谓语动词看，有时还和充当动词宾语的词语有关，例如“我被引入了可怕的梦境”，受宾语影响句子有不如意的意思。因而，对被字句所表示的贬义问题，应从宽理解（李临定，1986）。屈承熹、纪宗仁（2005）则认为，不幸的意义可以指向被字句中的受事或说话者，也可以指向听话者。

也有学者不同意被字句的不如意说法，如杉村博文（2003），他认为只有把汉语被动句所表达的“被动”这一概念理解为“以受事为视角叙述意外事件的发生”，才能够对汉语被动句的形式和意义之间错综复杂的对应关系做出较为合理的解释。作者把汉语被动句的原型句式义理解为 [意外事件]，而将 [不如意的遭遇] 和给人带来“惊喜”的意外事件看作是由 [意外事件] 向相反方向扩张出来的一种句式义。杉村博文所说的被动句主要是指被字句。

除不幸的语义之外，被字句也有表达非不幸语义的，并且随着被字句的发展，这样的被字句还有扩大的趋势。究其原因，很多学者认为是受外语，特别是英语的影响，如王力（1980）、贺阳（2008）等。王力（1980）提出，五四以后，汉语受西洋语法的影响，被动式的使用范围扩大了，不一定限于不幸或不愉快的事情。贺阳（2008）验证了这一点，他调查了语料中被字句语义色彩的分布情况，认为被字句消极语义的约束在从西汉到五四前的两千年时间里始终如此。可是，五四以来，这一约束在短短几十年的时间里，在汉语书面语中基本上被消解了。非消极义被字句，特别是中性被字句大量出现，并取得了与消极义被字句同等的地位，这是五四以来被字句所发生的最显著的变化之一。贺文分析到，在现实世界中，如意的事情、不如意的事情以及无所谓如意不如意的事情是共存的，既不可能所有的事情都是如意的，也不可能所有的事情都是不如意的，现实事件的这种分布状态折射到语言上，势必会使消极义被字句和非消极义被字句以一定的比重并存，除非有某种语义约束不允许如此，而英语的影响就是打破这一约束的外部力量。

值得注意的是，王力（1980）还提到，一般说来，这种不表示不幸的被字句只在书面语言上出现，在口语中，被动式的基本作用仍是表示不幸或者不愉快的事情。他进而总结到，接受外语语法的影响是有一定限度的，它可以在某种程度上影响到书面语，但是对于口语，“几千年来的语言习惯，不是一下子可以改变过来的”。贺阳（2004）认为印欧语言对汉语的影响主要是通过间接语言接触（书面翻译）实现的，因此会明显地受到语体的制约，即只能影响到书面语，而很难改变人们的口语习惯。

祖人植（1997）认为被字句的基本的语义性质就是表示被动，由于“被”的语义来源的关系，被字句有着用来表示不如意的事情的语义倾向。但这种倾向并非其基本的语义性质的体现，而只是一种附加的语义性质的体现。他同时认为现代汉语中被字句表义范围的扩大固然与外来的影响有关，但这只是一方面，只是一种着眼于语言的外部因素的解释。作为表情达意的工具，汉语语言系统自身本来就具备实现这种扩大的可能性。一个句子的意义是由词汇意义和语法意义共同构成的，被字句各个构成成分的语义性质及其共同构成的语义网络决定了全句的语义性质的潜在内涵，这种潜在内涵使得被字句在表义时既能够表示不如意的事，也能够表示非不如意的事。桥本万太郎（1987）也提出，有些语法学者主张，汉语和近代西欧语接触了以后才发展了没有这种意义色彩的、中性的、纯粹的被动句。但被字句从那一类被害式发展成一种中性的被动式看似不太难，因为有些被动句包含不包含被害意识只可能是主观的问题，在客观情况上很难确定。

关于被字句不幸语义的来源，王力（1980）指出，“被”的本义是“寝衣”(《说文》)，引申为动词，就是“覆盖”的意思，“覆盖”义一方面引申出“施及”的意思，这种意义的“被”一般是用于好事的，如“功被天下”(《荀子·赋篇》)；另一方面，引申出“蒙受”“遭受”的意义，这时句子主要用来叙述不幸或不愉快的事情，如“秦王复击轲，被八创”(《战国策·燕策》)。被字句是来源于第二种意义的，所以保留了作为动词的“被”的语义特点。

1.2.5 被字句的功能

关于“被”的作用与功能，张志公（1956）认为“被”字是表示被动的最常用的字，它的用处主要是引进施事。有时，“被”字并不引进施事，而是明确表示被动的关系，这就是“被”字直接放在动词之前的用法。朱德熙（1982）认为“被”字的作用在于引进施事，“叫、让、给”也有同样的作用。李临定（1986）认为“被”的语法功能是构成被动句，一般使名$_{受}$位于句首。李珊（1994）对“被”的功能进行了梳理，认为“被”是汉语“体”的词汇标记符号，它标出一种“被动”语态，具体表现可以概括为三点：1. 指示句首名词性成分为受事；2. 指示其后的名词性成分为施事；3. 指示整个结构存在原因和结果的语义关系。王静（1996）则从更广阔的角度提出了自己的看法，认为把“被”的作用定为标明语义关系仅仅揭示了“被”的作用的很小一个方面，也可能是不太重要的方面，“被”的更广泛的作用应该从语篇的性质、话题选择机制等角度考察。王振来（2006）从五个角度分析了被动标记（主要是“被”）的功能。包括（1）成句功能；（2）确定语义角色功能，指明动作的语义指向；（3）加强被动意义功能，句子由于受到被动标记的强制作用，带有明显的被动意义；（4）提醒听话者注意动作所影响的方向，强调动作的被动性，凸显某个事物遭受到某个动作行为的影响；（5）起到被动和主动对比说明的作用。

屈承熹、纪宗仁（2005）认为被字句的主要功能是：（1）以施事为话题；（2）表示该事件对受事、说话者或听话者而言是不幸的。该文进一步比较了被字句和英语被动句，认为这两种功能，第一种和英语被动句相同，但第二种功能则是汉语被字句所特有的。

郭圣林（2006）从语篇出发，考察了被字句的主语、宾语与上下文的联系，认为就主语而言，被字句不仅可以保持语篇的连贯，主题的同一，有时还可以转换主题、发展语篇。被字句的宾语传递的信息多种多样，包括已知信息、拓展信息、易推信息、中性信息、偶现信息，语篇功能除了承接上文以外，有的还可以拓展下文。

我们认为“被”字作为被字句的字眼标志，其功能就在于形成被字句。

1.2.6 被字句的产生与发展

王力（1980）认为，被字句萌芽于战国末期，到了汉代被字句就普遍应用起来了，当时的被字句还不容许施事者的出现，只是简单地把“被”字放在动词的前面，其作用相当于“见”。如“信而见疑，忠而被谤，能无怨乎？”带施事的被字句在汉末已经有了萌芽，到了四、五世纪就更多一些。这样，“被”就由“见”字的意义转到“为”字的意义上，就是说，被字句除了承担见字句的职务之外，还承担了为字句的职务，在口语中逐渐代替了“为……所”式。唐代以后，虽然被字句仍然可以不带施事，但带施事的越来越多了。另外，唐代被字句的新发展还表现为，被字句的动词后可以带宾语了，而宾语所代表的人物又是主语所代表的人物所领有的，如“常被老元偷格律”。

唐钰明（1985、1987、1988）关于被动式发展的系列文章，详细具体地分析了于字句、为字句、见字句和被字句的历史更替和流变。如果说王力先生是“定性”的研究，唐钰明则可以说是一种“定量”的分析，文中详实的数据展示了几种被动式流变更替的情况，令人信服。他的观点如下：被字句产生于战国末期，从六朝开始加快步伐，并在唐代口语中取代了“为……所……”式。被字句之所以取代为字句的重要原因是“被”字来源于蒙受义，使它有利于表达被动语义。被字句动词带宾语，是唐以后的普遍现象，其类型可以分为并列性宾语、隶属性宾语和复制性宾语；被字句与处置式相结合，开始于宋代；被字句动词前后成分的复杂化，是元明清时期的特色。前后成分主要指动词的状语和补语，复杂化实质上是语义的丰富和精密化。

被字句在其发展过程中，曾出现过一些后来逐渐被淘汰的格式。王力（1980）认为，被字句的作用基本上是表示不幸或不愉快的事情，而这种语义发展的结果，使被字句“有可能脱离其正常结构甚至脱离被动的意义而单纯地表示不幸”，最晚在唐代，被动式开始部分地脱离了正常的轨道，可分为两种情况。第一种是施事者在动词前，受事者在动词后，并且变换词序后，可以变为被动式。如“被猴行者骑定馗龙”(《大唐三藏取经诗话・第七》)。第二种情况，结构上和第一种相同，只是没有被动的意味，“被”仅用来表示一种不幸的遭遇，不能变为被动式。如“白虎精闻语，心生忿怒。被猴行者隐形帽化作遮天阵。”(《大唐三藏取经诗话 ・ 第六》)。不过，这种脱离正轨的结构在后代逐渐被淘汰了。

被字句在其发展过程中，还出现了滥用和偏误的现象，不少学者认为这是受英语影响的结果。如王还（1984）认为，被字句存在滥用的情况，如报纸上用“我们被告知……”代替“我们听说”，她认为这是从英语硬译的结果，是很不符合汉语习惯的，并提醒不要随便使用被字句。王还先生的意见是有预见性的。

劲松（2004）认为由于英语学习的普及和发展，在语言接触过程中，汉语受英语被动态表达法的影响，作为标记的“被”字的使用也出现了一些偏误现象，破坏了汉语的习惯表达法和语法规则，产生了一定的负面影响。文章认为被字句的偏误既有语义的偏误，也有结构的偏误，但以结构的偏误为主，主要是乱加助词“被”。语义的偏误主要是动词属性判断错误，如“1996年老保姆的腿被摔伤”；结构的偏误违反了汉语正确的语法规则和表达习惯，即汉语原来使用无标记被动句表示的被动意义，都使用被字句表达，乱加标记“被”，如“这时门突然被打开了”。文章进而就其规范问题提出看法，认为对被字句的规范，可以分为三个层次：一是必须规范的，二是加以提倡的，三是静观发展的。该文的视角很新颖，但所举的很多语例，语感上一般人都能接受，很难说是“偏误”，倒像是被字句的新的发展趋势。

被字句的最新发展表现为“被××”结构的出现，它成为2009年的十大热词之一，受到不少关注。相关研究主要集中于以下几个方面：“被××”的结构；“被××”的句法、语义、语用特点；“被××”出现的原因及社会意义。

彭咏梅、甘于恩（2010）主要分析了一些具体“被$V_{双}$”词语的意义。何洪峰、彭吉军（2010）把该结构的基本形式归纳为“NP·被X”，他们具体分析了NP的构成、“被X”的构成、“被X”的语法特征，在此基础上他们认为这类结构表层形式与语义关系不对应，实际上“被”字后隐含有施事及其行为，构成了二重语义结构关系。他们还分析了该结构的语用特征与社会意义。王振来（2011）也分析了“被××”的结构特点和产生的原因，除此以外，他把“被”字结构的语义演变划分为三个阶段：第一阶段主要表达不如意或受损（约战国—今）；第二阶段增加了“如意”的表达内涵（约1919年—今）；第三阶段又增加了无奈或无助义，且有嘲讽的意味（2008年—今）。

关于这一结构能否稳定下来，彭咏梅、甘于恩（2010）认为“尚待进一步观察”，王振来（2011）也认为其前途难以预测。何洪峰、彭吉军（2010）则认为“被X”结构的语义表达与识解都有很强的社会语境依赖性，“被X”结构可能不易进入语言层面，而只能停留在言语层面。从目前的情况来看，何洪峰、彭吉军（2010）的预测是对的，“被××”在2009年开始流行之后，现在有式微的趋势，其发展只停留在当年的热点词阶段，并无进一步的发展。

1.2.7 被字句成分的省略

关于被字句的成分省略，学者们主要关注的是主语A和“被”字宾语B的省略。李珊（1994）指出A省略的情况是多种多样的，包括：承前主语而省略；承前宾语而省略；承前介词宾语而省略；既可理解为承前主语省略，也可理解为承前宾语省略等4种情况。她还提到被字句还有三种无主句式，这时主语是不能出现的。

关于“被”后宾语B的省略，讨论的文章比较多。吕文华（1988）列举了“被”后宾语（N）出现与否的各种情况，并进一步分析了“被”字宾语有无所受的句法限制和语义限制。“被”字宾语有无的句法限制主要是结构方面的，比如“被……给……”“被……所……”格式中，“被”后宾语一定要出现。“被”后宾语一定要出现的情况包括：“被”后动词为单音节、V后带介词“于”及其宾语等。她重点分析了语义搭配对N有无的限制，认为其规律是：当“被+N+V”是固定搭配（包括广义的固定搭配）时，由于V所指的N是固定的，确指的，N出现与不出现均可。当“被+N+V”是非固定搭配（包括临时性搭配）时，N必须出现，否则有的句子不能成立，有的句子虽然可以成立，但在语义上会产生一些问题。不过，其所谓“固定搭配”与“非固定搭配”的标准不太好掌握。

李珊（1994）指出“被”字宾语受语法的影响必须出现的情况，除了一些固定搭配外，还包括某些VP不能直接置于“被”后，如VP是趋向动词打头，VP是“说”类动词或不及物动词等，此时B必须出现；“被”与VP之间有副词、介词结构等状语，这些状语不能或不宜直接在“被”后出现；“V+着”直接充当VP，B通常出现。B不出现的原因主要是语义和传息方面的：B已在上文或将在下文出现；B表示泛指；B作为说者、听者共知的背景知识隐去，所隐去的成分只能意会，不能明确填补进去；B不可知；B不出现，有些还出于风格或文体上的考虑。

莫红霞（2002）重点分析了“被”字宾语出现与否的语义和语用制约，语义制约包括：“被”字宾语无需指别，可出现可不出现；“被”字宾语意在指别，必须出现；表知觉的中性动词如“知道”进入被字句，“被”字宾语必须出现，以表达“违愿”之意。语用制约包括：上下文的影响；认知语境的影响；说话人表达意向的影响。

被字句A和B不出现，有时候是省略，有时候却是强制性的不能出现，那就只能叫隐含。关于省略和隐含这两个概念的区别，我们将在第三章1.1节中展开。被字句“A被BVP”是由四个部分组成的：A、被、B、VP，关于“被”的留存，也不是省略的问题，而是涉及两种句式的转换，详见第四章。至于VP的显隐，就目前所见，相关研究涉及较少。

1.2.8 受事主语句与被字句的转换关系

关于被字句与受事主语句的变换，已有的研究包括吕文华（1987），王惠（1992），王静、王洪君（1995），王静（1996），张云徽（1996），刘月华（2001）等。他们的研究各有特点，但也存在一些需要解决的问题①。

吕文华（1987）探讨了被字句和无标记被动句的变换关系及其条件，以及这两个句式的语义问题。她把被字句和无标记被动句的变换分为三种情况：一是前者不能变换为后者，二是后者不能变换为前者，三是两者可以互换。对于必须用“被”的句子，她认为有四种情况，即：(1) A是生命体，并且在句中与V的语义关系（施受关系）可变；(2) B是某些无生命体，例如“臭袜子”“巨大的喜悦”等，不过这样的B有怎样的语义特点，作者没有明示；(3) V是某些单音节动词；(4) 被字句为“被……所……”格式。不能用“被”的句子，有三种情况，即：(1) A是无生命体，并且与V的语义关系不会发生变化；(2) R为可能补语，如“事情肯定办得成”；(3) V为某些动词类别，包括非处置性动词（喜欢、同情、赞成等）、第二成分为词素“得”的动词以及“加以、进行、给予、予以”等动词。既可用“被”又可不用“被”的句式，即两种句式可以互换的，包括两种情况：(1) A是无生命体，与V的语义关系不变，当V与其后成分为某种类型时，两句式可以互换。此时VP的构成如下：① V后是助词“了”，V多半是表示减损意义的行为动词，句子有不如意的感

① 为了和本书的表述一致，本书在讨论他们的观点时，对他们研究中的表述符号做了一些改动。

情色彩；② V 后是结果补语，由表示贬义的形容词充任；③ V 是某些表示人所从事的社会活动方面的动词，其支配对象是无生命体，如“整顿、处理、改造”；④ V 是某些带后缀“化”的动词，如“绿化、简化”等；⑤ V 的第二成分是“作、为、成”等，其支配对象是无生命体。(2) A 是生命体，并且在句中不会被误认为是施事，此时，B 一般不出现。吕文的分析很细致，条理也比较清晰，但在系统性和可操作性上有所欠缺。

王惠（1992）受 Hopper & Thompson（1980）的启发提出用名词的生命度特征来控制有被句与无被句的同义转换。王文把“被”字可以省去的称为 X 类被字句，把“被”字不能省去的称为 Y 类被字句，X、Y 两类被字句（A －被－ B － VP）在名词性成分（A、B）是有生还是无生的选择上呈严格的互补分布。该文的可取之处在于把被字句分为“A 被 B ＋ VP”和“A 被 VP”，使分析更加清晰。不过，在名词的生命度对转换的制约作用方面，王文实际上只是对吕文华（1987）的总结与系统化。而且，名词的 [± 有生] 其实只是制约转换的一个因素，而不是全部。

王静、王洪君（1995），王静（1996）在转换的形式化上下了很多功夫，力求用形式化的方式说明转换的语法、语义规则，在研究的深度上比王惠（1992）更进了一步。从总体上说，他们研究的重点还是在于 VP 前名词（一个或两个）的施受语义角色的判定标准，在这一点上，其研究比吕文华（1987)、王惠（1992）有了较大的进展。王静、王洪君（1995）提出了转换的四个控制因素，认为单个动词被字句是否能转换为同义的无被句，取决于：a. 句中名词的生命度（分作人、动物、无生物、事件、自然力等五类)；b. 句中动词 Na、Nb 论元的生命度潜能；c. 动词的动相类别（分作所为、所感、关系三大类和若干小类）；d. 句中名词是否带有某类动作中介的特征或属于处所词类。a 与 b 的匹配决定了句首名词是否有 Na、Nb 歧解的可能。d 与动词动作类别的匹配决定了句首名词是否是中介或处所论元。这些因素再加上动词的动相类别才能控制单动词被字句与无被句的转换。至于动结式被字句是否能转换为无被句，既和前述动词的类有关，又和补语的类有关。补语的类与补语论元的生命度有一定的关系，但不完全对应。王静、王洪君（1995）的研究范围主要是单个动词被字句（动词后只加“了”）与动结式短语被字句，因此在被字句转换的全面性上尚有欠缺。

王静（1996）的分析与王静、王洪君（1995）有类似之处，她认为“被”字的使用规则主要与名词的生命度特征（[＋人][＋动物][＋无生物]）和动词类特征（是动作动词还是感知动词，是人专有动词、动物专有动词、自然力专有动词还是其他动词）相关。不过，她在文中提出了语义级差（大级差、小级差）和位置级差这两个概念，使得研究比前文有了进展。语义级差中的“大级差”是指能够确定唯一的语义关系的语义级差，“小级差”是指能够帮助确定语义强式的语义级差。所谓位置级差是指在施事受事均出现的无标记被动句中，以句首是受事为强式，此时句子（在满足语义搭配的条件下）独立；以句首是施事为弱式，此时句子粘着。这几个概念的提出使得动词前名词施受语义角色的判定更加方便。作者的努力方向是把动词和名词的语义特征形式化，通过形式化的小类搭配规则来描写“被”的使用规律。

王振来（2006）研究了被动标记（主要是指“被”）必标、可标和不可标的条件。其中，被动标记必标的原因是被动标记的使用受结构、语义的影响和表达的制约。被动标记可标的条件包括：(1) 句子常用减损义动词，有标记和无标记句子可以互相转换；(2) 受事具有 [+动物] / [-动物] 的语义特征，无论是否有标记，句子语义关系都很明确；(3) 句子有结果补语，由表示贬义的形容词充任。不可标被动表述的构成条件有五个方面：(1) 主语必须是谓语动词的承受者，而不是施动者，有 [–动物] 特征。如果主语有 [+动物] 特征，就要看能否发出动作行为；(2) 句中不出现施事者，而且主语多半是无生命的；(3) 没有宾语，但句子一般有补语或有时体助词；(4) 动词能进入无标记被动表述的语义特征是 [+可控，+动作性强，+可致果]；(5) 句子语义关系清晰且唯一。作者进一步认为，不带标记的句子所描述的是受事的状态，而带标记的句子描述的是受事受到影响的过程。

可见，很多学者从动词和名词的语义特征入手，来探讨“被”字的使用规则，不过，从研究的结论来看，都是在一定程度上解释了“被”字存废的缘由。这是可以理解的，因为动词和名词及其搭配上的语义特征，某种程度上是难以穷尽的。我们在讨论这一问题时，引入了“话题句”概念，认为所谓的受事主语句，其实是话题句，而被字句和话题句本身的区别，才是“被”字存废的根本原因。

综上所述，关于被字句，我们从“被”的词类、被字句的类型、句式意义、语义倾向、功能、产生与发展、被字句成分的省略、受事主语句与被字句的转换关系等八个方面对已有的研究进行了梳理。从中可以看出，虽然被字句的研究成果颇丰，但很多问题并未达成共识，正如陆俭明先生所说，“虽然国内外汉语研究者已就汉语被动式作过许多研究，发表了不少看法，但意见并不一致”，还有深入研究的空间和余地。

第二节　被动、被动句与被字句

2.1　主动、被动与被动句

任何一门学科都有其特定的专门用语，即术语，可以说，我们掌握一门学科术语的熟练程度就能反映我们掌握该学科的程度，这一方面说明了术语的重要性，另一方面说明了术语的特殊定义性。语言学中的术语也有这样的特点，它们形式上也许并不特别，但往往具有区别于日常用法的特殊意义，因此在使用时要特别小心。比如，语言学中的“主动句”与“被动句”就是这样，其中的“主动”与“被动”跟我们日常理解并不一致。

《现代汉语词典》(第 6 版）对于“主动”一词，有两条解释：(1) 不待外力推动而行动（跟“被动”相对）：主动性 | 主动争取。(2) 能够造成有利局面，使事情按照自己的意图进行（跟“被动”相对)：主动权 | 争取主动 | 处于主动地位。对于“被动”一词，《现代汉语词典》(第 6 版）也有跟“主动”意义相对的两条解释：(1) 待外力推动而行动（跟“主动”相对）：工作要主动，不要被动。(2) 不能造成有利局面使事情按照自己的意图进行（跟“主动”相对）：由于事先考虑不周，事情搞得很被动。可见，“主动”者是积极行动方，而“被动”者虽然消极，却也在行动，不像

被动句中的主语，只是承受方，而不参与行动。

在汉语语法研究中，主动句主要是强调句子的主语为动作行为的发出者，被动句主要是强调句子的主语为动作行为的受影响者。可见，这和词典对主动和被动的解释并没有特别的关联，从主语的角度来说，汉语的主动句，更确切的说是施动句，而被动句则是受动句。本书在使用“被动”一词时，其意义也是指受动，与词典意义和普通理解不同。

有些学者从词典对“被动”的解释出发，来阐释汉语中被动句的句式意义。如杉村博文（1998）提出，汉语原型被动句是以受事成分为叙事起点，以表达说话人意想不到的、无可奈何的、因而往往是不如意的、不愉快的心理感受为其语义核心的一种表达方式，而说话人的这种心理感受又产生于受事者（说话人最关心的对象）对所发生的事情只能任其发生、任其发展，并甘受其影响的情形。正如日本学者木村英树（1992）所说，我们似乎有这样一种世界观：如果我们对某一件事不是积极参与并施加作用，而是只能处于被动地位任其发生、任其发展的话，往往会酿成不如意、不愉快的后果。很明显，杉村博文是以对“被动”一词的理解来解释汉语的被动句，这应该是一种误解。例如：

（1）苹果被他吃光了。

（2）窗户被人打破了。

例（1）中的受事“苹果”本来就是让人吃的，说话人不满的只是“吃光了”这样一种结果，而不是“苹果”。例（2）也是这样，说话人觉得不如意的是“窗户破了”这样的结果，而不是“窗户”的被动性。

为了证明自己的观点，杉村博文还举了两个例子：

（3）事情虽然都算不得大小，但也不能就这样任其下去，不然有了今日不给佚祥一块棺材板，那明儿又会怎样呢？不知要到哪步田地了。（阎连科《寻找土地》）

（4）他看了一眼正在酣睡的妻子，没再惊动她。有些事他觉得应该同妻子谈一谈了，再这么下去，说不定两人真有点生分了。（张平《抉择》）

杉村博文的观点本身没错，人们一般都会对被动的处境感到不满意并争取摆脱，如例（3）、例（4）。但是被字句的“不如意”色彩却是源于遭受，而并非源于被动。否则，就无法解释下列现象：同为被动句，即都具有对所发生的事情只能听其发展，任其影响的意思，可是在英语中并不表示不如意，而在汉语中却带有不如意色彩。

2.2 被动句与被字句

上一小节，我们讨论了被动句中的“被动”不同于一般的意义，这里我们进一步对被动句给予一个明确的定义。关于被动句，学界有过很多界定。很多定义从语义着手，把汉语被动句看作意义范畴，比如《现代汉语词典》(第6版)、龚千炎（1980）、李珊（1994）等，也有学者从语法、语义和语用三方面来全面定义被动句，比如劲松（2004）。综合考虑各家的看法之后，我们认为，所谓被动句是指带句法标记并且主语为动作行为的受影响者的句子。要阐明被动句的定义，需要界定被动句的范围。

被动句的范围也是学界争议较多的一个问题，其中争议的焦点在于所谓无标被动句是否有被动意义，是否属于被动句。王力（1985）、龚千炎（1980）、吕文华（1987）、宋玉柱（1991）、劲松（2004）等认为无标被动句也是被动句，而洪心衡（1956）、刘叔新（1987）、江蓝生（1989）等则反对这一观点，否认无标被动句具有被动性质（详见上文1.1.1）。

我们赞同后一种观点，认为所谓的无标记被动句不宜归入被动句。我们认为应该区分被动意义和句法上的被动句式，汉语中有很多受事位于句首的句子，或隐或显地含有被动意义，这些句子可以称为显性的话题句，统称为被动句则太过牵强。例如：

（1）盘子摔碎了。

（2）衣服洗干净了。

（3）鸡吃，鱼不吃。（薛凤生1997用例）

例（1）与例（2）属于同一类句式，但它们转化为被字句的可行性不同，例（1）可以转化为被字句：“盘子被摔碎了。”，例（2）不行：“？衣服被洗干净了。”例（3）是个歧义结构，当“吃”为被动用法时，其实也不宜转化为被字句。比方说，如果一个人对饭店的女服务员说“鸡吃，鱼不吃”，他不是在说“鸡被吃了，鱼不被吃”，而是说“鸡（我）吃，鱼（我）不吃。”(薛凤生，1997）可见，上述三例的谓语动词都是被动的用法，可以说都含有被动意义，但说它们都属于被动句则不符合实际。正如薛凤生（1997）所说：“汉语究竟是怎样通过句法来表现被动观念的，这仍然是一个谜。已发表的大多数的文章似乎都未能清楚地区分什么是语义意念上的被动，什么是特定句法形式上的被动句型。然而只有后者才可以确凿地叫作‘被动句型’。不能区分意念被动跟形式被动的结果，往往只是根据句子的含意拉出一个任意性的清单。”

如上所述，我们肯定被动意义客观存在，但不赞同有被动意义的句子都是被动句。对于被动句，我们认为其范围包括使用表示施受关系的“被、给、叫、让”之类的介词或者表示被动语态的“被、给”之类的助词的句子。可见，被字句只是被动句的一种，被动句的范围要大于被字句。

上文界定了被动句的定义，以及被动句与被字句的关系。具体来说，我们采用邢福义（1996）的定义，认为所谓被字句是以“被”为字眼标志的句式。可见，对于被动句我们采用的主要是形式与意义相结合的标准，而对于被字句我们主要采用的是形式标准，这也是由这两个概念本身的特点决定的。

第三节　被动意义与被动域

3.1　被动形式与被动意义

语言中的被动现象有两个可供观察的角度：其一是从形式看被动，比如，英语的被动句以 be V-ed 为形式标记，而汉语的被动句最典型的是以“被、叫、让”等字眼作为形式标记（邢福义，1996）；其二是从意义看被动，从意义出发看被动时，会发现有些句子蕴涵被动意义，却不一定有被动的形式标记，而有些句子被动的意义和形式兼备。需要说明的是，联系本书的研究对象，本节在谈论被动意义和被动域时，主要以被字句为例。

3.1.1 从形式看被动

从形式看被动，可以区分为两种情况：

1A 形式被动，意义不被动

1B 形式被动，意义也被动

汉语中被字句是最典型的带标被动句，但是它在历史发展过程中产生过脱离了被动的意义而单纯地表示不幸的句式，这就属于1A的情况（王力，1980）。例如：

（1）其时被诸大臣道："大王！太子是妖精鬼魅……"（《八相成道变文》）

（2）白虎精闻语，心生愤怒。被猴行者化一团大石，在肚内渐渐会大。（《大唐三藏取经诗话》）

王力（1998）认为这种脱离正轨的结构在后代逐渐被淘汰了，可见，语法是逐步趋向完善的。至于1B的情况，一般所谓的被字句、叫字句、让字句等都包括在内。

3.1.2 从意义看被动

从意义看被动，也可以区分为两种情况：

2A 意义被动，形式不被动

2B 意义被动，形式也被动

被动意义的标准没有被动形式那样明确，所以2B容易确定，2A就不太容易。如前所述，我们认为意义被动，形式不被动的情况在语言中是客观存在的。例如：

（1）衣服洗了。

（1'）洗衣服了。

（2）合约废除了。

（2'）废除合约了。

例（1）和例（1’）中的动词“洗”明显不同，区别在于“洗”在例（1）中是被动用法，在例（1’）中是主动用法。例（2）和例（2’）中的“废除”也有此区别。

值得说明的是，1B=2B，区别只是观察角度的不同。

以上讨论，我们可以列表如下：

观察角度		形式被动	意义被动	例句
形式被动	1A	+	−	被猴行者化一团大石，在肚内渐渐会大。
	1B	+	+	花瓶被猫打碎了。
意义被动	2A	−	+	合约废除了。
	2B	+	+	花瓶被猫打碎了。

3.2 被动的意义范畴

被动的意义范畴包括使动和意动，使动是以客观事实作为逻辑基础，而意动是以主观看法作为逻辑基础。例如：

（1）球被他踢破了。

（2）他被人打得遍体鳞伤。

（3）昨天的同盟者——中国共产党和中国人民被看成了仇敌。（吕文华 1987 用例）

（4）他一直被人们当作大英雄。

前两例是被动的使动意义，例（1）表达的意思是“他使（让）球破了”，例（2）是说“有人使（让）他遍体鳞伤”。后两例是被动的意动意义，如例（4）是说“人们以他为大英雄。”

有些被字句不带致使性结果，因此，其使动性就不是很明显。例如：

（5）他被妈妈打了一顿。

（6）这几天他……象宝贝似的被人珍爱着。（吕文华 1987 用例）

（7）神枪沙子龙慢慢似乎被人们忘了。（吕文华 1987 用例）

上述三例不便于做使动性的变换，因为它们都只是谈到受事 A 受到的待遇，并没有提及这种待遇对受事影响的结果。

3.3 被动域

现代汉语中被动意义得以实现的语法领域有三个：短语域、小句域和语篇域，下面分别来看。

3.3.1 短语域

短语域是指被动意义得以实现的语言片断是短语结构，我们可以把这种被动结构称为被动短语。具体到被字短语，它在句中可以做定语，也可以位于“是……的”结构之间。例如：

（1）被淹了半截的防浪林中间，有渡船泊着，桅杆伸在树冠上面。（陈世旭《波湖谣——四季》）——防浪林被淹了半截

（2）共产党过江那年，杨爷在溃散的路上从一个草堆里发现了被遗弃的团长太太。（陈世旭《波湖谣——四季》）——团长太太被遗弃

（3）洋婆儿被通知去场部上班的那天，大家忽然明白，董登邦的蹲点只是冲洋婆儿来的。（陈世旭《波湖谣——四季》）——那天洋婆儿被通知去场部上班的

（4）后来团长便和亲戚讲起他被借调出国赴意大利演出的事。（铁凝《逃跑》）

（5）团长暗想，这分明是一个干活麻利、不招人讨厌的人——老宋是被亲戚介绍来这团看守传达室的。（铁凝《逃跑》）

（6）老宋在这团里自然是被人喜欢的，但他并非同谁都一团和气。（铁凝《逃跑》）

例（1）、例（2）中的被动结构其实是由被字句转换而来的，即把被字句的受事A移至中心语的位置，前加“的”，整个结构由被字句转换为定心式的被字结构。例（3）、例（4）中的被动结构都是由完整的被字句做定语构成的，例（3）中心语是时间词，例（4）中心语与被字结构是同位关系。例（5）、例（6）被动短语位于“是……的”结构之间，“是……的”结构表示强调。

3.3.2 小句域

小句域是指被动意义得以实现的语言片断是小句结构。这种小句结构在文中可

能做单句，也可能做分句。例如：

（1）一个黄昏，老宋被亲戚领到团长面前。（铁凝《逃跑》）

（2）我的分辨屡次被他们打断。（池莉《让梦穿越你的心》）

（3）老夏没有再和老宋的亲戚矫情，却也没有被这位亲戚说服。（铁凝《逃跑》）

（4）牟林森的手被我挡开了，对他我也说：没事。（池莉《让梦穿越你的心》）

例（1）、例（2）为被动单句，例（3）、例（4）为被动分句。

3.3.3 语篇域

语篇域是指被动意义得以实现的语言片断是语篇结构。这时句子本身有歧义，可做主动和被动两种理解，但是从上下文的连接来看，具有被动意义，即由语篇激活被动意义。例如：

（1）我去看病。

（2）鸡不吃了。

例（1）歧义的出现跟动词“看病”的意义有关，根据《现代汉语词典》(第 6 版)，“看病”有两个义项：①（医生）给人或动物治病；②找医生治病；就诊。义项①是主动表达，义项②是被动表达。消除歧义的方法要靠语篇，如果上下文出现“我是医生”或“有人病了”这样的信息，那么“我去看病”为主动表达；如果上文出现“我生病了”这样的信息，那么该句为被动表达。例（2）也是这样，如果上文出现“给鸡喂食”这样的信息，那么该句做主动理解；如果上文出现“正在吃饭”这样的信息，那么该句做被动理解。

跟例（1）“看病”类似的词还有不少，如“上课”“洗车”“洗头”等，“上课”根据《现代汉语词典》(第 6 版)，意义是：教师讲课或学生听课。因此在“我去上课”会有歧义，如果上文说明“我”是老师，则意为“我去讲课”；如果上文说明“我”是学生，则意为“我去听课”。在“我去洗车”中，可能是“我自己洗车”，也可能是“我让别人洗车”。像这样的词语，前者为主动表达，后者则蕴含被动意义。

第四节 结构框架及语料介绍

4.1 结构框架

本书的研究分为绪论、被字句的基本格式、被字句的成分隐现及其制约因素、被字句与话题句的转换、被字句的新用法等五个部分。“绪论”一章主要包括被字句研究综述、被动句与被字句、被动意义与被动域等内容，目的在于了解被字句已有的研究，以及澄清一些概念。“被字句的基本格式”一章主要讨论了被字句的五种基本格式的句法语义特点，这些格式包括：“A 被 BV”式、“A 被 BV 了 / 着 / 过”式、“A 被 BVR”式、“A 被 BVO”式、“A 被 BVP_1VP_2”式等五类，以期勾勒出现代汉语被字句的基本面貌。“被字句的成分隐现及其制约因素”一章分析了被字句 A、B、“被”和 VP 在一定语境中的隐现情况，分析了成分隐现对被字句组形和表义的影响，以及被字句成分隐现的制约因素。“被字句与话题句的转换”一章讨论了被字句与话题句的相互转换情况及其制约规律，通过比较得到了两种句式的差异，从而更好地了解了被字句的特性。“被字句的新用法”一章分析了近年来出现的被字句的新兴用法，将其归纳为两类，即意动类“被 ××”和使动类“被 ××”。对于意动类“被 ××”，还探讨了其生成的原因，认为它跟“X 被称为 / 说成 Y”类被字句具有渊源关系。

本书的研究主要依据萧国政的“三个世界”的语法观，该理论主张语法研究应从组形、释义、传息三个方面来进行，语法这三个方面的规律构成了语法的“三个世界”，这三个世界是各自独立却又相互联系的。我们在分析中坚持形式与意义相结合、描写与解释相结合、静态与动态相结合。为了追求分析的客观性和科学性，我们还采用了统计的方法。

4.2 语料来源

本书的语料来源主要有两种方式：在电子版语料库中对语料的穷尽性搜索和在纸质本文学作品中对语料的随机性收集。采用语料库自动搜索语料是为了方便统计分析，得到比较精确的统计数据；自己收集纸质本文学作品中的语料，则是为了方便在语境中动态地分析被字句。

电子版的语料库是指“北京大学中国语言学研究中心的语料库（CCL 语料库检索系统）”和“语料库在线”两个语料库。

纸质本文学作品主要包括三个方面：

1.《中国文学 2003 最新作品排行榜》，北京文学杂志社主编，文化艺术出版社，2003 年 11 月。共 43 万字，其中包括：

中篇小说：陈世旭《波湖谣——四季》，贾平凹《艺术家韩起祥》，刘庆邦《到城里去》，须一瓜《淡绿色的月亮》，钟求是《谢雨的大学》

短篇小说：铁凝《逃跑》(文中简称《逃》)，迟子建《一匹马两个人》，叶弥《明月寺》，孙春平《乡间选举的乐子》，野莽《赔人》

报告文学：曲兰《老年悲歌》，一合《灵与肉（存目）》，徐雅雅《禁毒权威报告》，徐江善《中国高教之虞》，伊始《天地良心》

散文随笔：梁衡《乱世中的爱情》，徐迅《阳光照得最多的地方》，阎红《底层男人的爱情》，朱增泉《朱可夫雕像》，王宗仁《可可西里的白房子》

2.《中篇小说选刊》，2001 年 1 － 6 期。其中包括：李肇正《初中生肖元元》，戴雁军《乡村事件》，映泉《江洋大盗》等。

3. 已有研究中的用例，出于对研究者的尊重，我们对这样的选例不标示初始来源，只标示研究者及其成果的年代。例如：

（1）有一个人被挑中了，其余的才各归各的地方。（李珊 1994 用例）

出自上述两个语料库的例句和自造例句，我们大部分没有列出处，而出自纸质本的则都列了出处。

第二章　被字句的基本格式

很多学者在描述被字句的构成时，都从不同角度对被字句进行了格式描写。比如，把被字句分为“Np＋被＋V”“Np＋被＋Na＋V”(下附“Np＋被＋Na＋所＋V”）两式（龚千炎，1980）；把被字句表述为“Na ＋被＋ （Nb） ＋ V ＋ C”式（吕文华，1987）；把被字句表述为“A 被 B ＋ C”式（薛凤生，1994）；把被字句分为“[NP]＋被＋[NP]＋[VP]”和“[NP]＋被＋[VP]”两式（金允经,1996）等。为行文的方便，我们把被字句归纳为“A 被（B） ＋ VP”，其中 B 加括号用来表明被字句有 B 出现与B不出现两种情况。从语法结构上来说，A是主语，被、B和VP三项一起构成谓语，其中“被 B”构成介词短语做状语，修饰心语 VP。当 B 不出现时，介词“被”可以认为已经助词化，成了句子里的辅助性句法成分，粘附于心语，表示被动语法关系(邢福义，1996)。

被字句由 A、被、B 和 VP 四个部分组成，因为 VP 的不同，被字句的基本格式也有所不同，可以分为“A 被 BV”式、“A 被 BV 了 / 着 / 过”式、“A 被 BVR”式、“A 被 BVO”式、“A 被 BVP_1VP_2”式等五类。从语形构成上来说，“A 被 BV”式为最简式，其余各式则依次递加成分，后一式都可以包容前一式，因此，从总体趋势来看，这五式的构形包容性可以表示为（“<”表示“被包容于”）：

“A 被 BV”式 < “A 被 BV 了 / 着 / 过”式 < “A 被 BVR”式 <

“A 被 BVO”式 < “A 被 BVP_1VP_2”式

我们利用“语料库在线”中的“现代汉语语料库”，查找了被字句，查找的方式是“被/P”，意思是包含介词“被”的句子，共找到被字句 13477 条[①]。限于时间和精

① 通过“被/P”找到的被字句，包括 B 不出现的“被”做助词的例句。

力，我们分析了前 1000 个例句。剔除掉非被字句（如做定语的被字结构等）之后，共有 769 个被字句。我们将这些例句进行了分析，分别归入“A 被 BV”式、“A 被 BV 了 / 着 / 过”式、“A 被 BVR”式、“A 被 BVO”式、“A 被 BVP_1VP_2”式等五类，并进行了下位类型的分析和归纳。

为了使讨论的内容更加集中，下文把 A 与 B 的句法语义特点单列一节，其余则按被字句的不同格式各立小节。

第一节　A 与 B 的句法语义特点

1.1　A 的句法语义特点

1.1.1　A 的句法性质

从 A 的性质上说，它可以是名词、代词、动词、形容词、名词短语、动词短语等。分别举例如下：

（1）我真是痛苦极了，难道被他骗得这样的实在和彻底？（冯骥才《一百个人的十年》）

（2）盘子被摔碎了。

（3）陈毅站到崮顶岩石上，解开了的衣襟，被风吹得呼呼飘舞，像是展开了一双巨大的翅膀。（邓友梅《我们的军长》）

（4）回忆被歌声冲断了。（李珊 1994 用例）

（5）突然，侧面似乎有股力推了她一下，平衡被破坏了。（李珊 1994 用例）

（6）乌世保要说库兵判定死刑的事，被寿明用眼色止住了。（邓友梅《烟壶》）

例（1）、例（2）、例（3）中的 A 分别为代词、名词和名词短语。例（4）和例（5）中的 A 虽然从词类上来说分别是动词和形容词，不过从功能上来说却都是指称性的，例（4）“回忆”可以变为“他的回忆”，例（5）“平衡”可以变为“平衡的状态”，李珊（1994）就称之为名动词和名形词。例（6）中的 A 是动词短语，不过该动词短语也可以用名词性的“那件事”来替换，变为“那件事被寿明用眼色止住了。”可见，A 不论属于何种词类，在功能上都是指称性的。

1.1.2 A 的语义角色

名词与动词组合成语义结构时所担当的语义角色包括施事、受事、与事等，不同的理论、不同的学者往往对名词的语义角色有不同的分类。邢福义（1996）认为所谓“施受关系”，指动作和相关人物之间的施事、受事、用事、于事等的关系。比如“看－O”这类结构，“看星星”中的O是受事，“看医生”中的O具有施事性质（＝让医生看），“看镜子”中的O表示工具，是用事（＝用镜子看）。他认为被字句的主语一定是受事主语，这里的受事应做广义理解，具体来说，A 还可以是工具和处所，例如：

（1）绳子被他捆了包裹。

（2）刀被他砍钝了。

（3）桌子上被他堆满了书。

（4）天井被雪花装饰得那么美丽，那么纯洁。（宋玉柱 1990 用例）

例（1）中“绳子”是“捆”的工具，“包裹”才是“捆”的对象或受事。同样，例(2)“刀”也是“砍”的工具，而不是对象或受事。“绳子”和“刀”都不是受事格。例（3）、例（4）的 A 为处所，其中例（3）带了方位标“上”，例（4）没有方位标。相比较而言，不带方位标的处所主语“受事”性质显得强一些，因为从某种意义上说，这类处所可以从整体上被看作一种事物，而作为动作的接受者出现。如例（4）中的“天井”就是被装饰者，有较明显的受事性质（宋玉柱，1990）。

李珊（1994）指出了两个 A 为施事的例子：

（5）他被那件事愁死了。

（6）花碧莲烫了头，长发披肩……浅花汗衫被雨水打得粘在了身上，糯米色的筒裤也被雨水裹在腿上。

（6'）……浅花汗衫被雨水打得粘在了身上，糯米色的筒裤也被雨水打得裹在腿上。

例（5）的“被B”表原因，可以转换为“因为那件事，他愁死了。”，李珊（1994）把“他”看作施动性成分其实不妥，因为“愁死了”只表示“他”的状态，而不是“他”施行的动作。此时，“他”可以看作经事或当事。李珊认为例（6）的后一个被字句可以变换为“糯米色的筒裤裹在腿上”，所以A“糯米色的筒裤”为施事，其实，比较前后两个被字句可以看出后一个被字句的VP前承前省略了“打得”，完整的句子应该是例（6’）,所以A“糯米色的筒裤”仍为受事。

吕文华（1990）把A的语义角色分为受事、广义的受事、系事、感受主体、当事、处所或时间等六种类别，区分是比较细致的。我们认为，把被字句A的语义角色区分得这么细致，是按照某种语法理论对语言进行客观分析的结果，实际上，各种角色的A内部是有共性的，即从说话人的角度来说，A都是说话人认定的受影响的对象，我们称之为“被认定的受影响者”，或者说是一种广义的施事。而A之所以具有这样的语义特点，实际上是被字句句式语义赋予的。

1.1.3 A为数量主语

被字句中，当主语A为数量短语时，常常要求谓语有表量成分，即如果主语显现数量，则谓语中的状语、补语或者宾语中通常含有表数量的词语。例如：

（1）一坛酒都被他喝了。

一坛酒被他喝光了。

一坛酒被他喝得一滴不剩。

一坛酒被他喝了一半。

*一坛酒被他喝了。

（2）敌人的五个师已经被我们消灭了三个。

（3）三间平房被敌人烧毁了两间。

（4）大牙和村冈全被监视在休息室的墙角里。（邓友梅《别了，濑户内海》）

——大牙和村冈被监视在休息室的墙角里。

（5）火救灭后，人们发现，女人孩子全被用刀杀死……（同上）

例（1）中的A“一坛酒”带数量词，所以其谓语部分必须带有表量的状语“都”或补语“光”“一滴不剩”等，或者带有数量词宾语“一半”等，否则句子不能成立。例（2）、例（3）是数量主语与数量宾语的对应。例（4）、例（5）的主语不显含数量词，但包含数量意义，所以谓语也带有含量状语“全”，不过，因为其主语不显含数量词，所以句子不是非要有对应的数量才能成立，比如例（4）的“全”去掉后句子仍然成立。

当A中的数量词位于“有”之后时，其谓语和宾语部分不需要有对应的数量。这时，“有”字引进的是一个无定的名词结构。例如：

（6）有一个人被挑中了，其余的才各归各的地方。（李珊1994用例）

（7）有三间房子被敌人烧毁了。

（7’）（这）三间房子都被敌人烧毁了。

例（5）、例（6）的A都是“有”字结构，“一个人”“三间房”都是不定指的，加上“有”，加强了肯定的意味，这样才能顺利地充当主语。比较例（6）和例（6’）可见，例（6）预设信息是有几间房子（不止三间），现时信息是其中三间被敌人烧毁了。例（6’）预设信息是一共有三间房子，现时信息是这三间房子都被敌人烧毁了。

1.2　B的句法语义特点

1.2.1　B的句法性质

从B的句法性质上说，与A一样，B主要是指称性成分。它也可以由名词、代词、名词短语等来充当。例如：

（1）帽子被风吹跑了。

（2）方方试图跟陈伟玲聊聊，被她噎得直背气。（王朔《一半是火焰，一半是海水》）

（3）我刚出楼门，被高压水枪射出一束水柱砸了个满脸花，脚下一滑便坐地上了。（王朔《永失我爱》）

（4）陆武桥只睡了一会儿，就被宜欣的抚摸弄醒了。（池莉《你以为你是谁》）

(5) 自己怎么又会被一种莫名的激动和期望攫住？（李珊 1994 用例）

(6) 她脸上的花影都被欢跃给浸渍得红艳了。(李珊 1994 用例)

例（1)、例（2)、例（3）的 B 分别为名词、代词和名词短语。例（4）和例（5）的 B 也是名词性的短语，虽然其中心语“抚摸”“激动”和“期望”为动词，但整个短语受定语修饰，为指称性的名词短语。例（6）的 B“欢跃”本为形容词，在这里也可以加上定语“她的”，所以也是指称性的。可见，A 与 B 不论由什么词类来充当，其功能都是指称性的。这是汉语中词类与句法功能不是一一对应的一种表现，也说明了汉语中词的句法功能常常由句法位置来决定，即不论充当 A、B 的词本身属于何种性质，都要“在其位，谋其职”，位于主语和介词宾语的位置，就是指称性的用法。

被字句中的 B 经常不出现，有时是省略了，有时是隐含了。所谓省略是可以根据上下文补出，隐含则是不能或不便补出（施关淦，1994)。例如：

(7) 吴双的脸果然被晒脱了皮。(池莉《让梦穿越你的心》)

(8) 紧接着寂静突然降临，麻麻密密的围观者被吸引在陆建设和李浩森身边。(池莉《你以为你是谁》)

例（7）的 B 是“太阳”，在句中可以补出，是省略了。例（8）的 B 是“陆建设和李浩森”，隐含在补语之中，不能补出。关于 B 省略和隐含的论述详见第三章第三节。

1.2.2 B 的语义角色

邢福义（1996）认为在被字句里，“被”字后边的名词或名代词表示施行动作的人或事物。例如：

(1) 字据被他烧了！

(2) 书被老鼠咬破了！

有的时候，“被”字后边的词语表示无生命的事物，但它被说话人主观意念上认定为动作的施行者。例如：

（3）字据被火烧了！

（4）书被墨水弄脏了！

实际上，像例（1）、例（2）这样的B应当是施事，像例（3）、例（4）这样的B应当是工具格，而不是施事格。不过，邢福义先生的观点是有道理的，B在大多数情况下是表示动作的施事，因此在格式上B位置似乎有了语义角色的定位，任何成分，哪怕是没有生命力的工具，一进入这个位置，也有了施事的意味了。

吕文华（1990）指出，按照B与VP的语义关系，B可以是施事、工具、致因、间接施事以及受事等五种语义成分。B为施事和工具的上面已经提到了，下面我们具体来看后三种类型，例如：

（5）你回到房间，突然被疲倦攫住了。（莫红霞2002用例）

（6）带着钱想买草帽的客人老远地就被那四台哒哒作响的机子吸过来了。（张伯江2001用例）

（7）连那个小小的池塘，也因为我四岁的时候，失脚跌入的缘故，被祖父叫人堵塞了。（吕文华1990用例）

（8）我们被他派人追上了。（李临定1980用例）

（9）爸爸被一连串的问题问烦了，索性板起面孔训斥儿子。（吕文华1990用例）

（10）不上一个月，小运华被牛奶喂胖了，体重增加了一公斤。（吕文华1990用例）

例（5）和例（6）中的“疲倦”和“机子”都是非意愿性（non-volitional）成分，它们不是造成事件的主谋者，只是事件的叙述人归因于它们。（张伯江，2001）因此，类似例（5）、例（6）中B这样的弱施事性成分应当看作原因成分。例（7）和例（8）“被B”后都是由两个动词构成的兼语结构，其中V_1是使令动词，V_1后是兼语成分，V_2是被字句中带被动意义的主要动词，此时，B不直接施行V_2所表示的动作，而是指派别人施行，因此吕文华（1990）称之为“间接施事”。例（9）和例（10）中的B，吕文认为是V的受事，即“问问题”“喂牛奶”，而A与VP部分的补语有主谓关系，即“爸爸烦了”“小运华胖了”。

B的语义角色看似复杂，其实却是具有共性的。就是说，无论B在客观上是施事、工具、原因、间接施事还是受事，在说话人看来，它都是导致动作及其结果发生的主要责任者和主要原因，这是说话人的一种主观认定。因此，我们可以把B的语义角色归纳为“被认定的责任者”，也可以称为广义的受事。

综上所述，我们把被字句A的语义角色称为“被认定的受影响者”，B为“被认定的责任者”。值得一提的是，木村英树指出，被字句中的及物性关系应该概括为有影响性的（affected）关系，相应地，其中的A的语义角色是受影响者（affectee），B的语义角色是诱发性动作者（causative actor）或称为有责任性的动作者（responsible actor）①。我们认为这样的概括是很深刻的。

1.2.3 B的指称性质

当名词以光杆形式出现在句子中时，既可以是类指的，也可以是非类指的（包括有定的和无定的）。但是一旦这样的光杆名词充当被字句的B时，被字句的语义特点决定了它只能是非类指的。例如：

（1）桌子$_1$是一种家具。

（2）桌子$_2$断了一条腿。

（3）他被桌子$_3$撞了一下。

比较例（1）和例（2），可知同为句子的主语，“桌子$_1$”与“桌子$_2$”虽然语形相同，读音一样，但意义并不相同：“桌子$_1$”是泛指所有的桌子，“桌子$_2$”是特指某张具体的桌子。例（3）为被字句，其B“桌子$_3$”在指称性质上与“桌子$_2$”相同，是特指具体的桌子。又如：

（4）人$_1$需要不断学习。

（5）人$_2$都走了，你还说这些有什么用？

（6）那棵树被人$_3$砍断了。

同样的，例（4）、例（5）中的两个“人”，同为主语，但同形同音异义，

① 木村英树的观点引自张伯江，2001，被字句和把字句的对称与不对称，《中国语文》第6期。

“人$_1$”是泛指所有的人，是类指的，“人$_2$”则是指具体的某个人，是有定的。例（6）的 B“人$_3$”则是指某个或某些人，是无定的。

当然，如果名词本身就是表类指的，那么它进入被字句的 B 位置时，仍然表示类指。例如：

（7）从采访的自身体验和收集到的大量素材中，撷取的这么几朵，便足以诠释一个被人类视为永恒的主题：生与死。（《人民日报》1995 年 2 月 3 日）

上例中的 B“人类”本身是一个表类指的词，因此，进入 B 位置后，仍然表类指。

第二节　“A 被 BV”句式

2.1　引言

“A 被 BV”句式，即 V 后面不带其他成分的被字句。从存活率上来说，该式在被字句中也是存活率最低的。因此，“A 被 BV”句式要存活，往往受到比较多的限制，很多学者都对此有过论述，如李珊（1994）、邢福义（1996）、刘月华（2001）、张伯江（2001）、刘承峰（2003）等。

李珊（1994）指出“光杆单双音节动词直接充当‘被’字句的 Vp 往往受限”，她认为光杆动词充当 Vp 的条件包括：(1)“被”字结构处于注解性或引语性的文字中；(2)“被”字结构处于主语位置上；(3)“被”字结构处于宾语位置上；(4)“被”字结构处于定语位置上；(5)“被”字结构处于和另一被字结构或另一主动结构对举的位置上；(6)“被”字结构处于联合结构或连动结构中；(7)“被”字结构处在感叹句中。可以看出，李珊的研究没有区分被字句和被字结构（短语），所以有些结论只适合于被字结构（短语）。

邢福义（1996）指出，如果被字句用于假设语境之中，或者“被”的前边用“可能、必将、已经”等词语，那么“被”字后边也可以出现不包含完结意义的双音词。举例如下：

(1) 如果我的话被他误解，请你帮我做些解释。

(2) 这一点必将被历史证明。

刘月华（2001）则指出如果介词“被”有宾语，谓语动词前有某种状语时，谓语动词后可以没有其他成分。举例如下：

(3) 你这句话很容易被人误解。

(4) 他的建议已被大家接受。

(5) 这种意见很可能被群众拒绝。

两位学者都注意到了状语对“A 被 BV”句式存活的作用，但都只是举例性的，而没有对这些条件进行系统地分析。我们试图在本小节对该句式的存活条件进行比较系统的研究，以归纳出其存活机制。需要说明的是，本书对 V 是动词还是动词短语的判断以《现代汉语词典》(第 6 版）为标准。

2.2 “A 被 BV”句式中的 V

“A 被 BV”句式的存活首先与 V 有关，并不是所有的动词都可以出现在该句式中。这表现为，V 一般为带结果义的动词，例如：

(1) 事定之后，他被朝廷撤职。(梁衡《乱世中的美神》)

——事定之后，他被朝廷撤职了 / 撤了职。

例（1）的 V“撤职”是一个动宾式的离合词，本身就带结果义。不过，从我们调查的情况来看，类似于例（1）这样对句法和语篇都几乎没有要求的被字句非常少。而且，就我们的语感而言，例（1）虽然能说，但如果加上一个完句成分“了”，毕竟还是更好。

张伯江（2001）提出：句式语义体现了认知特点，句式的形式常常是认知语义的临摹。过去几十年间语法论著在概括“把 / 被句”的形式特点时总要提到“把 / 被句”中的动词不能是光杆形式，从“句法临摹性”的观点看，其实质就是“影响性”这种语义要求的句法结果：光杆动词往往表示无界行为，无变化可言；动词后面带上表示结果意义的词语，才能表达事件所带来的状态变化。

对张伯江的观点，刘承峰（2003）提出，在一定的语境中（不含韵文等文学作品）或不依赖语境有些动词可以以光杆形式出现在被字句中，他对《汉语动词用法词典》(孟琮，1999）中的1223个动词进行了考察，发现符合上述条件的一共有43个动词，包括撤销、颠倒、俘虏、逮捕、开除、克服、扣留、扭转、抛弃、切除、养活、抹煞、镇压、采用、操纵、拆除、处分、打倒、发现、讽刺、奉承、否认、忽视、揭发、解散、禁止、拒绝、了解、模仿、没收、谋害、挪用、排除、批准、迫害、牵连、取消、缩小、推翻、说服、说明、笑话、占领等。他认为承认这些动词在被字句中的合法性与该句式所表"影响性"之义并不矛盾，因为这类动词在表"影响性"之义上是自足的，不需要其他词来补充其语义。不过，可能因为受篇幅的限制，刘文只给出了结论，而没有证明它们为什么可以表示影响义。我们认为，其实影响义包含在合成词的语义结构之中。比如，这些合成词大部分是述补式的，如"颠倒""打倒""缩小""推翻""说服"等，类似于动补短语，补语部分表示动作施之于对象后产生的结果，这与被字句的句式意义正好符合。

2.3　结构制约

结果制约是指"A 被 BV"句式含状语，状语的存在有助于"A 被 BV"句式的存活。状语可以分为肯定性状语和否定性状语。肯定性状语的种类比较复杂，含有以下状语时，有利于"A被BV"句式存活，如"可能、必将、可以、已经、都、更、还是、容易"等。我们认为，类似"可能、必将、已经"这类状语在功能上与时体成分相似，"可能""必然"表将然，"已经"表已然，而假设语境也表将然，这些都有利于促成小句存活。比如：

（1）请让我弹一遍《广陵散》。过去袁孝尼他们多次要学，都被我拒绝。《广陵散》于今绝矣！（余秋雨《遥远的绝响》）

（2）但到底还是在劫难逃，叶向真还是被抓。（陈大鹏《刘诗昆再婚前后》）

（3）与此同时，经过6年产品设计和开发的实践经验，顾彪也早已被上海机械学院教授看好，欲将其揽入门下攻读内燃机专业研究生。

可见，和“了”一样，“都”和“还是”等也都有完句作用。例（1）“被”前有状语“都”，例（2）有“还是”，例（3）有“早已”。

V 前有否定副词“没有”“不”时，V 也可以以光杆形式出现。例如：

（4）老夏没有再和老宋的亲戚矫情，却也没有被这位亲戚说服。（铁凝《逃跑》）

（5）一家电视台招聘女主持人，她与几位同学前去应聘，在最后一关没有被录取。（徐江善《中国高教之虞》）

（6）既然有此特异功能之人能用意识将物体从密封的坚硬容器中移出来，那他也必能将人体内部的器官移出体外而不被人们发现。

这种现象比较容易理解，既然否定副词否定了 A 受到动作的影响，V 后自然不用再添加其他成分。

2.4 句式制约

当被字句为“A被B所V”句式时，“所”后的V一般都是以光杆形式出现。例如：

（1）即使生活在一个城市中的子女也被生存竞争所困扰，难得有时间聚在父母身旁。（曲兰《老年悲歌》）

（2）中国军事专家频频亮相中央电视台，“非典”话题渐被美伊战争的滚滚浓烟和伊拉克境内的沙尘暴所遮蔽。（徐江善《中国高教之虞》）

（3）他还是被近代中国的政治风波、经济漩涡所淹没，狼山脚下的文明局面，未能大幅度向四周伸拓。（余秋雨《狼山脚下》）

邢福义（1996）认为，“所”后的心语只用一个动词，这个动词不带其他成分。其实也不尽然。例如：

（4）上述这件事，按正常逻辑来考虑，即使想做也会被可怕的麻烦所吓退，但小人是不怕麻烦的，怕麻烦做不了小人，小人就在麻烦中找事。（余秋雨《小人》）

（5）然而，我善良的愿望不断地被一些莫名其妙的东西所碾碎。（肖华《别了，张艺谋！——<往事悠悠>自序》）

（6）这时不容她再踌躇，决心便被事实所左右了。

（7）在这一个短时间以内，李冷是被那含着无穷的憎恨的眼光所占有了。

按照《现代汉语词典》(第 6 版)，“吓退”和“碾碎”不是词，而是动补结构的短语。例（6)、例（7）是在动词后面加了助词“了”。

对于“所”往往只带一个动词的原因，龚千炎（1980）指出：拿“A+ 为、被 +B+ 所 +VP”跟“A+ 被、叫、让 +B+ VP”相比，可以看出它们的不同之处是：后者的动作性较强，往往表示 A 遭受动作变成什么样子了，所以 VP 多由表示完成、结果的动词短语充当；而前者表示东西变成这个样子是 B 造成的，重点不在动作而在施事，所以 VP 只限于单个动词充当。“被……所……”格式确实有强调 B 的意味，例如：

（8）张艺谋并没有被肖华放逐，也未被这个家放逐，而是被他自己，被他的欲望所放逐。(郭济访《肖华和她的 < 往事悠悠 >》)

上例几个 B 对比，有强调的意味。也正是这个原因，“被……所……”格式中的 B 不能省略。

值得一提的是，由于“被……所……”结构是古代汉语的遗留，带有很强的文言色彩，所以可以容纳一些我们一般不单独使用的动词性语素。例如：

（9）这些坟堆被风雪所蚀，因年岁而坍，枯瘦萧条，显然从未有人祭扫。(余秋雨《阳关雪》)

“蚀”这个动词在现代汉语中已经很少单独使用了，经常使用的是双音词“侵蚀”。

同为被字句的固有格式，“被……给……”就没有这样的制约，V 后常有其他成分。例如：

（10）这家伙，已经被公安局给抓起来了。(邢福义 1996 用例)

（11）他被这件事给吓坏了，晚上再也不敢一个人出去了。

（12）头上有块疤——据说是小时候被驴给啃了一口。(吕文华 1988 用例)

上述三例 V 后分别加了趋向补语、结果补语和宾语。

除了“被……所……”结构以外，疑问格式作为一种句法框架，相当于一种非实体的足句成分，也能容纳V以光杆形式出现于被字句中。例如：

(13) 被谁遗弃？不是被什么人，而是被时间和空间。(余秋雨《乡关何处》)

(14) 仅有的几次也都给他留下了很糟糕的印象，他怎么会被医院感动呢？(池莉《太阳出世》)

上述例(13)为特指问句，例(14)为反问句。

2.5 语篇制约

被字句有后续小句时，有利于V以光杆形式出现。例如：

(1) 一零四六年，范仲淹倡导变革被贬，恰逢另一位贬在岳阳的朋友滕子京重修岳阳楼罢，要他写一篇楼记，他便借楼写湖，凭湖抒怀，写出了那篇著名的《岳阳楼记》。(余秋雨《洞庭一角》)

(2) 其中有一个妖魔被追，竟逃下台来，冲出祠堂，观看的村民哄然起身，也一起冲出祠堂紧追不舍。(余秋雨《贵池傩》)

(3) 唐寡妇虽被管制，不声不响，却不像别的四类分子那样是个死牛活头。(陈世旭《波湖谣——四季》)

V后有后续小句时，被字句中的V可以以光杆的形式出现，如果把这些被字句独立出来，则往往不能存活。例如“？其中有一个妖魔被追。”这是因为，带后续小句的句子，在语义上有尚未完结的意思，因此，其存活的要求较之没有后续小句的句子要低一些。

被字分句如果和另一分句对举出现，V也可以以光杆形式出现。对举的分句可以是被字句，也可以是主动句。对举句为被字句的例如：

(4) 海军局被占领，省港罢工委员会遭围，工人纠察队被解除武装。(叶永烈《毛泽东与蒋介石》)

(5) 千千万万家庭被轰毁，千千万万生命被吞噬。(冯骥才《一百个人的十年》)

(6) 自己的水平较高，对手就被自己捉弄；自己水平较低，自己就被对手戏耍。

孤立地看，例(4)“海军局被占领”确实是作为独立的被字句在语料中出现了，不过联系上下文即可发现，其成立实际上对语篇也有要求，即有后续的对举被动句“遭围”“被解除武装”，这种用法使得句子结构紧凑，突出了形势的危急。

对举句为主动句的例子有：

(7) 哪一个人背后不说人，哪一个人背后不被别人说？

(8) 他可以操纵自己，而不被别人操纵。(罗兰《罗兰小语》)

主被动句对举时，一般是主动句在前，被字句在后。根据标记理论，主动句更基本、更自然、更常见，是无标记的，而被字句正好相反，是有标记的。因此，先易后难，这更符合人们发出信息和接收信息的认知心理。

2.6 “被 V”式动词

“被”在句法中使句子成为被动句，在词法中“被”可以附在词根前，起构词作用，有准词汇化倾向。(王振来，2006) 我们查阅了《现代汉语词典》(第 6 版)，“被”字条下只收录了 2 个由“被”构成的动词：被难（飞机失事，乘客全部被难)、被迫(被迫放弃 | 我这样做完全是被迫的)。在《现代汉语规范词典》中，由“被”构成的动词还包括了：被俘、被害、被刺、被捕、被控等。我们还查找了《新华汉语词典(最新修订版·彩色本)》，发现其中“被”字条下，包括了以下一些被 V 单式词语：被捕、被刺、被俘、被害、被困、被难、被囚、被灾等。由这些词构成的被字句，动词也常常以光杆形式出现。例如：

(1) 报纸上登出——砸车暴徒首领李——当场被俘。(吕文华 1988 用例)

(2) 银行学校彩色电视昨晚被盗。(同上)

(3) 你爸爸被害，一定也和小林有关系。(同上)

(4) 中共浙江省委书记刘英被捕、被害，中共贵州省委书记茅戈被捕，均为中统行为。

可见，“被俘”“被害”这类词，不同词典对其是否凝固为词的判断是有出入的，不过，其最大的特点是“被 V”中间不能插入宾语，说明其自身确有凝固化的特点。

2.7 语料库中的“A 被 BV”

我们对“语料库在线”中的 769 个被字句进行分类，从中找到了 159 例“A 被 BV”句式。其中“A 被 B 所 V”14 例，“A 被 $V_{单}$”6 例，其他的“A 被 BV”139 例。

“A被$V_{单}$”中的“被$V_{单}$”即上文提到的“被V”式动词，我们找到的6例包括：被骗、被偷、被淹（2）[①]、被抄、被打、被烧。

在 161 个例句中，有 14 个是报纸的新闻标题，如下所示：

（1）东丁村大队乱发宅基地被通报

（2）看罢球赛冒雨归只因雨伞被没收

（3）今年八次提建议均被领导采纳

（4）一职工无证驾驶摩托被重罚

（5）蒋珠凤受贿 19 万元被起诉

（6）此案已被厦门市公安局破获

（7）刘易斯被美国接力队开除

（8）“文革”中在海丰制造杀人惨案的三名犯罪分子被逮捕

（9）一号种子选手赵剑华被淘汰

（10）七旬汉害死九旬母亲今被判刑

（11）偷自行车者被罚

（12）陈伟麒被逮捕

（13）近万双劣鞋被没收

（14）用无线电寻答案一学生被开除

这是一个有意思的现象，新闻标题为了简练，很少使用时体成分，所以在全部“A 被 BV”句式中出现频率较高，占 9%。

一般的看法都认为被字句以动词后带其他成分为常见形式，实际上，“A 被 BV”式在语料中的出现频率比较高，我以前所做的统计情况如下：北大现代汉语语料库

---

① 括号中“2”的意思是“被淹”在语料中出现了两次。

中前100个被字句，发现“A被BV”句式有26句，即占到了全部100例的26%，其中“A被B所V”句式有8句，占“A被BV”句式的31%。根据这次统计的情况“A被BV”句式在769个被字例句中占21%，占五分之一，这足以说明这类被字句的使用并不是个别的现象。

从内部构成来说，在159个“A被BV”句式中，“A被B所V”14例，占9%，“A被$V_{单}$”6例，占4%，新闻标题14例，占9%。

从我们的研究来看，“A被BV”句式的存活机制包括动词语义、动词结构、句式和语篇这四个方面的制约，当然，这几个方面也可以同时作用于“A被BV”句式，此时，该句式的存活度就得到了增强。

第三节　“A被BV了/着/过”式

“A被BV了/着/过”式是指V后只出现时体成分“了”“着”或“过”的被字句，分别表述为：“A被BV了”式；“A被BV着”式；“A被BV过”式。这三式是“A被BV”式的扩展，不过，在被字句中仍然属于形式比较简短的一类。从出现的频率来看，“了”“着”“过”在使用频率上差别较大，总的比例是：“了”第一，“着”第二，“过”第三。我们调查了北大语料库中余秋雨、王朔a、王蒙、池莉的作品和冯骥才的长篇小说《一百个人的十年》①，发现“A被BV了”式被字句一共有52句，占“A被BV了/着/过”式总数的80%；“A被BV着”式一共有9句，占总数的13.85%；“A被BV过”式一共有4句，占总数的6.15%。下面分别来看这三式。

根据我们最近一次的调查，从“语料库在线”中找到的769例被字句中，共有“A被BV了/着/过”句式33例，占4%。其中“A被BV了”式28例，“A被BV着”式3例，“A被BV过”式2例，分别占“A被BV了/着/过”式总数的85%，9%，6%。

① 该调查是2001至2002年间本人写作博士论文时进行的，现在的北大语料库情况肯定有所变化，不过应该对三个句式的比例没有大的影响，所以对这一数据予以保留。

3.1 “A 被 BV 了”式

为了更好地了解“A 被 BV 了”式的分布和构成，我们还查找了“语料库在线”中的该句式，查找的方法是搜索“被（空格）了”，共找到 5000 个例句，我们分析了前 3000 个例句，从中筛选出“A 被 BV 了”句式一共近 400 例。

3.1.1 句法构成

“A 被 BV 了”式的构成包括下面一些情况：

（1）我被她的勇气打动了，自己更能豁出去了就是。（冯骥才《一百个人的十年》）

（2）李小兰摇摇头。不是痛，是难受。她被摧毁了。（池莉《太阳出世》）

（3）用不着再多说话，我确实被震动了。（余秋雨《这里真安静》）

（4）故乡，就这样被我丢失了。（余秋雨《乡关何处》）

（5）但由于上述那些荒谬的误解，它同样被淡化，被搁置，被冷处理了。（冯骥才《一百个人的十年》）

例（1）、例（2）式是“A 被 BV 了”的基式，即不带其他成分，例（3）、例（4）式是带状式，例（3）带状语“确实”，例（4）带状语“就这样”，例（5）是几个“被”字结构的并列式，其中前两个“被”字结构蒙后省略了“了”。

3.1.2 “A 被 BV 了”式中的 V

根据我们对“语料库在线”的调查情况，“A 被 BV 了”式中的 V 有单音节、双音节和多音节等几种情况，举例如下：

单音节的 V 数量比较少，包括：杀（3）、咬（2）、占（2）、吃、打、开、迷、平、抢、烧、甩、锁、挑、涂、吞、演、抓、撞、坐。例如：

（1）去年的秋天或是冬天，日本的一个水兵，在闸北被杀了。

（2）白天，测量队好容易设好标志，夜晚就被农民平了。

双音节的 V 数量最多，其中出现次数超过一次的词语有下面这些：感动（21）、破坏（12）、看见（10）、打破（8）、发现（8）、出卖（7）、淹没（7）、包围（6）、发觉（6）、消灭（6）、淘汰（5）、知道（5）、剥夺（4）、打倒（4）、打动（4）、代替（4）、粉碎（4）、激怒（4）、惊醒（4）、看中（4）、枪毙（4）、杀害（4）、说服（4）、陶醉（4）、吸引（4）、遗忘（4）、占有（4）、震惊（4）、采用（3）、俘虏（3）、感染（3）、奸污（3）、惊动（3）、拒绝（3）、听见（3）、打开（2）、打垮（2）、逮捕（2）、否定（2）、革除（2）、接受（2）、开除（2）、扣留（2）、没收（2）、抛弃（2）、批判（2）、批准（2）、枪杀（2）、取消（3）、驱逐（2）、识破（2）、吞噬（2）、污染（2）、葬送（2）、糟蹋（2）、占领（2）、震动（2）、镇压（2）、征服（2）等。例如：

（3）听了老编辑史林子、王济民等同志的热情介绍，我深深地被他们的童心和热忱感动了。

（4）恰巧这情景被一个青年人看见了，他悄悄地招呼了一些人，躲在另一棵树底下偷看。

双音节的V从内部结构来看，可以分为动补结构、状中结构、动宾结构和并列结构，动补结构如“打倒、打开、打垮、打破、惊醒、看中、说服”，状中结构如“粉碎、枪毙、枪杀”，并列结构如“包围、剥夺、污染、占有”，动宾结构如“罢官、抄家、撤职、降级”等。值得一提的是，动宾式的V进入“A被BV了”格式后，“了”常常插入V的动宾结构之间，如：罢官（被罢了官）、抄家（被抄了家）、撤职（被撤了职）、降级（被降了级）、解甲（被解了甲）、免职（被免了职）、判刑（被判了刑）。例如：

（5）徐璜听说侄儿被黄浮处死了，就一把鼻涕一把眼泪地在汉桓帝面前告了黄浮一状，结果，黄浮被罢了官，判了徒刑！

（6）这个人，被撤了职，让人给整成这样，还这么认真。

（7）大约是二十四年前，多多八岁，父亲不知犯了什么罪，被判了刑，撇下了四个儿女，进了监狱。

多音节的V都是“……化”，包括：本体化、语义化、扩大化。例如：

（8）但是反右斗争被严重地扩大化了，把一批知识分子、爱国人士和党内干部错划为"右派分子"，造成了不幸后果。

(9) 乐队作为信源和发送者（不仅是乐器，还包括他们的表情和姿态），也被语义化了。

我们在分析语料的过程中还发现了一些有意思的现象，因为本书对是否为动词的判断是以《现代汉语词典》(第 6 版）为准的。比如，“看见”是动词，但是“看到”不是动词，而是动补式的短语。所以，“看到”进入被字句，我们就归入动补式被字句。例如：

（10）有一次 Jerry 玩疯了，来不及跑到外面，就把小便撒在了白色的地毯上，这被王起明看见了，就轻轻地踢了它一脚。

比较：正好郭燕下楼，被她看到了，她疯了似的大叫起来，大骂王起明没有人性，不是东西。

（11）前几天，景山公园里的寿皇门失火被烧毁了。

比较：由于楠木易燃，高大的殿堂易招雷电焚毁，很多楠木殿都被火烧掉了……

例（11）中上例“烧毁”是动词，下例“烧掉”就只能算是动词短语，这么区分其实是有些牵强的，因为“烧毁”和“烧掉”无论从结构还是意义上都几乎是相同的。从这个现象也可以看出，在汉语中词和短语的界限并非是那么清晰，非此即彼的。有典型的动词，不可拆分，但是也有边缘动词，其性质位于词和短语之间。

3.1.3 “A 被 BV 了”式中的状语

除了“被（B）”以外，V 前的状语有两个位置，一是位于“被（B）”之前，二是位于“被（B）”和 V 之间。以上面的例（3）为例：

(3) 听了老编辑史林子、王济民等同志的热情介绍，我深深地被他们的童心和热忱感动了。

——……我被他们的童心和热忱深深地感动了。

状语“深深地”可以位于“被B”之前，也可以移位至“被B”和V之间。根据考察，时间地点状语，语气状语一般位于“被 B”之前，而情态状语可前可后，位置两可。

如例（1）和例（2），“在闸北”“夜晚”“就”在“被B”之前，而例（3）“深深地”位置两可。

3.1.4 “了”的语义及功能

“A被BV了”式中的“了”处于句末，因此实际包括两个“了”，即词尾“了$_1$”和句尾“了$_2$”，是两个“了”的融合体（朱德熙，1982）。《现代汉语八百词》（吕叔湘主编，1980）也认为“了”有两个，“了$_1$”用在动词后，主语表示动作的完成；“了$_2$”用在句末，主要肯定事态出现了变化或即将出现变化，有成句的作用。而“动＋了$_{1+2}$”则表示动作完成并且事态已有改变。这一归纳是很准确的，“了”可以表示动作完成并且事态已有改变，完全符合被字句“影响义”（张伯江，2001）的句式语义要求，这也是“A被BV了”式出现频率较高的原因所在。例如：

（1）李浩淼被感动了，他嗓子有点呜咽，他说：好好！交个朋友交个朋友。（池莉《你以为你是谁》）

（2）他被宜欣小巧的动作和专心致志的神情还有柔和的嗓音打动了。（池莉《你以为你是谁》）

（3）“怎么啦？”我揉着脸问她，“我脸被马蹄子踩了？”（王朔《永失我爱》）

正因为“了”有这样的语义特点，被字句经常需要“了”来成句，有时候被字句虽不需要“了”来成句，加上“了”也更好。例如：

（4）苹果被我吃了。

——＊苹果被我吃。

（5）他偷东西被人发现了。

——？他偷东西被人发现。

（6）她从梦中被惊醒了。

——她从梦中被惊醒。

例（4）、例（5）没有“了”不能单独成句。例（6）中的“惊醒”虽然《现代汉语词典》（第6版）以词收录，实际上是动补结构，所以，没有“了”也能成活，但是加上“了”后更符合语感。正是在这个意义上，我们说“了”有帮助成句的功能。

3.1.5 句式意义

如上文所述，由于“了”在该式中表示动作完成并且事态已有改变，所以，当 V 为带完结义的单音节动词时，V 后往往隐含一个表示完结或改变意义的补语。例如：

（1）他被人杀了 = 他被人杀死了

（2）钉子被人拔了 = 钉子被人拔出来了

（3）废报纸被妈妈丢了 = 废报纸被妈妈丢掉了

（4）房子被人拆了 = 房子被人拆掉了

上述左右两边的句式在语义上是等值的，差别只在于左式隐含结果 / 趋向补语，而右式凸显结果 / 趋向补语。张伯江（2001）也认为把 / 被字句具有“完全影响”的语义特点，他举了下面的例子：

a. 他喝了酒了。

b. 他把酒喝了。

c. 酒被他喝了。

张文认为 a 句的行为不一定带有“完全喝掉了酒”的意思，而后两例则一定是完全喝掉了特定量的酒（如某一杯、一瓶、一坛等）的意思。这说明,“把 / 被句”在“完全影响”这个语义上跟一般主动宾句是对立的。他进一步论述了这种“完全影响”的语义应该是句式带来的，而未必是动词本身固有的。我们同意这种说法，可以比较，如果是“A 被 BV 过”式就没有这种语义。例如：

d. 酒被他喝过。

综上所述，“A 被 BV 了”格式的句式意义是被动动作的完成，其功能是定性，具有“完全影响”性。

3.2 “A 被 BV 着”式

我们查找了“语料库在线”，查找的方法是搜索“被（空格）着”，共找到 1165 个例句，我们从中找出“A 被 BV 着”句式一共 141 例。

3.2.1 句法构成

“A 被 BV 着”的句法构成也包括基式和扩展式，例如：

（1）操场就是先前的麦场，被一片桑林包围着。（陈世旭《波湖谣——四季》）

（2）他们被学生包围着，一边走一边说。（钟求是《谢雨的大学》）

（3）肖元元的声音有些沙哑，但肖元元有着很好的音乐感觉，被伴奏引导着，很快就投入到港台的流行歌曲中。（李肇正《初中生肖元元》）

（4）事实只是被一层薄薄的纸蒙着，但是谁也不愿意戳破这层纸。（李肇正《初中生肖元元》）

（5）它天长日久地被川流不息的水浸润着，渴望着被开垦。（陈世旭《波湖谣——四季》）

（6）那两个家伙想跑，实在没处跑，被人群箍桶似地围着。（王朔《一半是火焰，一半是海水》）

（7）被那么多失败者的故事重压着被恋人凄楚的歌声拖牵着，山西商人却越走越远，他们要走出一个好听一点的故事，他们迈出的步伐，既悲怆又沉静。（余秋雨《抱愧山西》）

例（1）、例（2）、例（3）是基式，例（4）、例（5）、例（6）是带状式，其中例（4）带状语“只是”，例（5）带状语“天长日久地”，状语都位于“被”字结构前，例（6）带状语“箍桶似地”，状语位于动词前。例（7）是两个“A 被 BV 着”式被字句连用，并且其主语都蒙后省略了。

“A 被 BV 着”式中的“着”（念 zhe）是一个动态助词，要与表示达到目的或有了结果的动词性补语“着”（念 zháo）区分开来，后者也能用于“A 被 BV 着”式，例如：

（8）一次我被氯气熏着，她来看我时，马上把自己身上的大衣和手套给了我，那可比现在年轻人随随便便一个吻强烈得多了。（冯骥才《一百个人的十年》）

例（8）“熏着”是“熏到了”的意思，表示结果的实现。

3.2.2 “A 被 BV 着”式中的 V

我们根据“语料库在线”中找到的 141 例“A 被 BV 着”，统计出了该句式中的 V 一共 100 个，可以分为单音节动词和双音节动词，如下：

单音节动词：

绑（4）、包、催、钉、拂、裹（2）、糊、架（2）、烤、捆、拉、烙、拧、迫、锁、抬、托、汪、围（2）、压、押、咬、扎、照、抓

双音节动词：

笼罩（7）、包围（6）、覆盖（4）、激动（3）、纠缠（3）、遮掩（3）、支配（3）、制约（3）、包裹（2）、环抱（2）、煎熬（2）、蹂躏（2）、束缚（2）、吸附（2）、吸引（2）、压抑（2）、研究（2）、掩埋（2）、折磨（2）、撞击（2）、把持、保留、逼迫、逼视、蔽塞、鞭策、采用、搀扶、嘲笑、充塞、冲刷、宠爱、传颂、发表、反绑、封锁、感染、歌唱、鼓励、鼓舞、关押、管制、环绕、激荡、绞杀、惊骇、纠葛、觉察、苦恼、利用、驱赶、驱逐、扰乱、收藏、守护、撕裂、饲养、威胁、围绕、卫护、消灭、荫蔽、延宕、掩盖、养活、应用、映照、运用、占领、占用、震荡、震撼、支持、注意、追逐

分析出现在该句式中的 V 可见，“包围覆盖”义的动词比较多地出现在该句式中：包、裹、捆、围、包裹（2）、包围（6）、蔽塞、封锁、覆盖、环抱、环绕、笼罩、束缚、围绕、荫蔽、掩盖、掩埋、遮掩。这些词加上助词“着”都能很好地表达状态义。例如：

（1）晓飞被救生衣紧紧裹着，不能动弹。

（2）站在国境线上，鸟瞰对面，峡谷正被浓雾笼罩着。

（3）瞬间，他被狂风骤雨般的蜂群团团包围着。

V 为“包围覆盖”义动词时，“被 V 着”表示“被包围 / 覆盖”状态的持续。

3.2.3 句式意义

《现代汉语八百词》（吕叔湘主编，1999）提出，动态助词“着”可以表示动作正

在进行，也可以表示状态的持续。而“A 被 BV 着”格式也可以既用来表示某种被动状态的持续，又可以表示动作正在进行。上一小节的三个例子都是表示状态的。表示动作进行的例如：

(1) 一切全被无情的台风兜裹着，绞杀着，大海却仍威风凛凛地跟台风厮拼，激烈的战斗，破坏了海堤。

(2) 七十多年来，它在地球的五大洲，在各种肤色的人们中间，在疆场和刑场，在监狱和街头，被人们以一种崇高的感情歌唱着。

(3) 和《蒙娜·丽莎》相反，《祭司长》中的人物是不可爱的，不美的，被画家嘲笑着的。

“A 被 BV 着”表示动作的进行还是表示状态的持续，是由动词的语义范畴来决定的。从动词的时间属性来看，表示时点的动词，加上“着”以后，表示状态的持续，如笼罩、包围、绑、锁等。而表示时段的动词，加上“着”以后，表示动作的进行，如歌唱、嘲笑、研究等。

比较而言，“A 被 BV 着”更倾向于表示状态的持续，而非动作的进行。表示动作进行的在我们找出的例子中只占一小部分。还有一个例证：如果“V 着”既能表示状态持续，又能表示动作进行，那进入“A 被 BV 着”后，就只能表示状态的持续了。如下例：

(4) 门被他关着（，我怎么进得去？）(李临定 1986 用例)

(4’) * 门被他关着（，还在想心事。）

“关着”可以造句“门关着”，这是状态，“他正关着门呢”，这是动作。不过“门被他关着”就只能表示状态了。

如前文所说，“A 被 BV 了”式的比例远大于“A 被 BV 着”式，因此有很多动词可以进入“了”式，而不能进入“着”式。例如：

(5) 他被人打了。

(5’) * 他被人打着。

(6) 树被汽车撞了。

(6’)*树被汽车撞着。

综上所述，“A 被 BV 着”的句式意义是表达被动状态或动作的持续。

3.3 “A 被 BV 过”式

3.3.1 句法构成

我们查找了“语料库在线”，查找的方法是搜索“被（空格）过”，共找到 383 个例句，我们从中找出“A 被 BV 过”句式一共 23 例。如上文所述，“A 被 BV 过”式在语料中出现的频率非常低，其使用具有句法语义上的制约条件。例如：

（1）她要让人们相信，杨成方没有被人抓过……（刘庆邦《到城里去》）

（2）因为我从没被人说服过，所以也懒得去寻求别人的理解。（王朔《动物凶猛》）

（3）显然他的话事先被规范过。（钟求是《谢雨的大学》）

（4）类似的话我从不同渠道听过不下一千遍，我起码有一百次到两百次被感动过。（王朔《动物凶猛》）

例（1）、例（2）是该式用于否定句，例（3）、例（4）是带状式，例（3）带状语“事先”，例（4）带状语“起码有一百次到两百次”。

3.3.2 “A 被 BV 过”式中的 V

我们从语料库中找出了“A 被 BV 过”式一共 23 例，动词一共 20 个，如下：

用（3）、征服（2）、摆弄、采用、承认、打、打开、逮捕、掸、玷污、罚款[①]、浸泡、苦恼、利用、没收、批判、扰乱、吓唬、研究、占据

值得注意的现象是，否定式的“A 被 BV 过”占的比例是非常高的，在 23 例中占 9 例，百分比约为 39%。否定形式为：没有、从来没有、还没有、不曾、从来不曾、从未等。例如：

---

① “罚款”作为离合词，进入句式，说成“被罚过款”，例子如下：你过去乱变红绿灯，弄得路口一片混乱，还被我们罚过款呢。

（1）我从来没正式地被打过，可是吃“挂边儿”吃的不少。

（2）不过，“同志”是得到官方承认的，“师傅”还没有被承认过。

（3）你看我心境怎样地平静，我从未被外务扰乱过，也从未想到恋爱或结婚的事。

除了否定状语之外，时间词（时间副词和时间名词）做状语的情况也很多，时间副词如“已、已经、曾”，时间名词如“过去、不久前、五十五年前”等。例如：

（4）但“古儿汗”的称号，已被札木合用过，于是另上“成吉思汗”的尊号。

（5）我年轻的时候，也曾被人吓唬过，说是鲨鱼的胃液，如果滴在人的手上，就会立刻烧出一个窟窿来。

（6）但是有些频率低的词，因为不久前被用过，也会易于检索。

3.3.3　句式意义

《现代汉语八百词》（吕叔湘主编，1999）提出，“过”用在动词后，表示过去曾经有这样的事情。“A 被 BV 过”式则是用来表示 A 对某种被动情况的经验。

被字句主要用来表示一个受事者受到某种动作行为的影响而有所改变（刘月华，2001）。这与“了”表示事态改变的语义正好吻合，而“着”表示状态持续，“过”表示曾经出现，这些意义对被字句来说，都是新语义的添加，而不是它本质和必须的语义，正因此，“A 被 BV 了”式的出现频率远远高于后两式。

值得说明的是，“了”“着”“过”除了上述三式分开使用的情况，也还有复用的例子，但只限于“过了”连用，还未见“着了”复用的。例如：

（1）既然身子被人用过了，价码就不能再定那么高，就得适当往下落落。（刘庆邦《到城里去》）

（2）中国对新西兰的第二场比赛中，新西兰队的主力中锋 9 号伍丁·史蒂夫没有出场比赛，因为他已经先后两次被黄牌警告过了。

（3）大凡名胜古迹的地方，都是因了名士文人的题咏而得名，并不一定适宜于作画，而且名胜所在地，都是被摄影师千百遍地拍摄过了，画出来总觉得俗气。

复用式的语义是分式语义的加合，上例“过”表示受动的情况的经验，“了”则强调该经验的完成。

3.4 “A 被 BV 了 / 着 / 过”式中的 V

如上所述，V 进入“A 被 BV 了”式、“A 被 BV 着”式和“A 被 BV 过”式的能力是不一样的。詹卫东（1997）认为，单个动词附加“着”“了”“过”后能否跟“被”字结构组合，跟动词本身的性质以及意义有比较密切的关联。例如：

（杯子）被小王摔了　被小王摔过　*被小王摔着

？被小王看了　被小王看过　*被小王看着[①]

被敌人捆了　被敌人捆过　被敌人捆着

确实如此，单个 V 能否跟“着”“了”“过”组合进入被字句，主要看 V 的意义能否符合各式的语义要求。如上例中，“摔着”“看着”(“看”读去声）都只能表示动作的进行，而不表示状态的持续，所以不能进入“A被BV着”式，而“被小王看了”这种说法不太成立是因为“看”是动作性动词，跟它相对应的汉语中有表示结果的动词“看见”，更符合被字句的语义要求，所以，更好的说法是“被小王看见了”。

第四节　“A 被 BVR”式

4.1 使用历史

“A 被 BVR”式是指 V 后带补语的被字句。补语在被动式中历史久远、内涵丰富。早在先秦就出现处所补语，汉晋又有所谓被动式与使成式的结合（即动词带结果补语的形式)。其后，结果补语、趋向补语、时间补语等纷纷在被字句中出现（唐钰明，1988)，例如：

（1）万乘之国，被围于赵。(《战国策·齐策》)

（2）张仪游于楚，楚相掠之，被捶流血。(《论衡·变动》)

（3）墓上人皆笑之，被石酒气冲入鼻中，亦名醉卧三月。(《搜神记·千日酒》)

---

① “看”是个同形词。读阴平时，具有“守护照料”的意思，可以说“被小王看着”；读去声时，具有“使视线接触人或物”的意思，这时就不能说“被小王看着”。

(4) 君因风送入青云，我被人驱向鸭群。(《白居易诗·鹅赠鹤》)

(5) 雀儿被禁数日。(《敦煌变文集·燕子赋》)

例 (1) 是战国末期被字句出现处所补语的例子，例 (2) 被字句带结果补语，例 (3)、例 (4) 被字句带趋向补语，例 (5) 被字句带时间补语。大约从宋代开始，出现了以助词"得"为标记的补语 (唐钰明，1988)：

(6) 我鼻孔被大师搯得痛不彻。(《古尊宿语录·大鉴下二世》)

(7) 仁本是恻隐温厚底物事，却被他们说得抬虚打险、瞠眉努眼。(《朱子语类》卷六)

由于"得"的帮助，给元明清时期的补语开拓了一条广阔的路子，不仅可带单词，而且可带各类词组，其中包括主谓词组 (唐钰明，1988)，例如：

(8) 那大船小船约有百十来只，正被这大风刮得你撞我磕。(《水浒》第十九回)

(9) 我们今日在黄风洞口救我师父，不期被那怪兽一口风喷来，吹得我眼珠酸痛。(《西游记》第二十一回)

(10) 这个所在被我闹得血溅长空，尸横遍地。(《儿女英雄传》第九回)

在现代汉语中，被字句之"A 被 BVR"式仍占相当比例，这种分布频率反映了被字句的主要性质和功能，即主要用来表示一个对象受到了某种动作行为的影响。反言之，因为补语这一句法成分具有说明动作的结果或状态的语义性质，这正符合了被字句的语义和功能要求，这也是补语在被动式中出现很早而且使用频率极高的原因。

补语是汉语的一个特点，其他语言很少有类似汉语补语的语言现象。不少语法著作谈到了汉语补语的分类，不过，因为分类的标准不一致等原因，对补语类别的划分也不尽相同。比如，刘月华等 (2001) 提出：按意义和结构特点，补语分为以下七种：(一) 结果补语；(二) 趋向补语；(三) 可能补语；(四) 情态补语；(五) 程度补语；(六) 数量补语；(七) 介词短语补语。邢福义 (1996) 从语义类型出发，把补语分成了两大类：状况类补语和物体类补语。状况类补语包括：结果补语、趋向补语、可能补语、程度补语、评判补语等五种；物体类补语包括：时地补语、数量补语、关系补语等三种。

本书参考了两位前辈的划分方法，将补语分为八类：(一）结果补语；(二）趋向补语；(三）可能补语；(四）情态补语；(五）程度补语；(六）时地补语；(七）数量补语；(八）介词短语补语。这种划分方法，基于刘月华（2001）的七分法，增加了“时地补语”一类。按照刘月华（2001），时地补语部分属于结果补语，部分属于介词短语补语。鉴于时地补语在“被字句”中的出现频率比较高，我们单列一项。按照邢福义（1996），“得”字补语分属于结果补语和评判补语，我们将所有动词后带“得”字的补语统一归入情态补语。

我们对被字句中补语的语义类型进行分析，能进入被字句的补语类型有下列五类：(一）结果补语；(二）趋向补语；(三）情态补语；(四）时地补语；(五）数量补语。其中，趋向补语因为是封闭性的类，所以我们进行了比较详尽的分析。

我们对“语料库在线”中找到的769个例句进行了分析，从中找到“A被BVR”式187例，占全部被字句的24%。其中结果补语61例，趋向补语36例，情态补语14例，时地补语59例，数量补语17例，分别占187个例句的33%，19%，7%，32%，9%，可见结果补语和时地补语是主要形式。

4.2 结果补语

4.2.1 句法构成

结果补语主要表示动作或状态的结果——引起动作者或动作受事的状态发生变化；有些结果补语表示对动作的判断、评价。结果补语由形容词和动词充任。(刘月华，2001）我们把带结果补语的被字句表述为“A被$BVR_{结}$”式。带结果补语的被字句，其句法构成并不复杂。例如：

(1）莫莉看来被难住了。

(2）阿布告诉他的朋友古哈：“不好了，你的手提箱被人偷走了！”

(3）因木桥不坚固，每逢水涨时便被冲毁，造成往来交通隔绝。

(4）其中一处外观漂亮的厕所，大门却被封死。

(5) 谷雨节前，肥乡县种子公司调进的七十五万斤玉米良种被农民抢购一空，全县玉米种植计划基本落实。

(6) 正如社员群众说的那样：俺们让平均主义拖苦了，给一平二调调苦了，被瞎指挥整苦了，叫割"资本主义尾巴"割穷了。

结果补语由单个的动词或形容词充当，如“住”“走”“毁”“死”是动词，“一空”“苦”是形容词。结果补语在语义上有的是指向A的，用来表示A受到影响的状态。如例(1)“住”指向“莫莉”，例(3)“毁”指向“木桥”，例(5)“一空”指向“玉米”，例(6)“苦”指向“俺们”。有的指向动词，如例(4)“死”指向“封”。

4.2.2 “A被BVR$_{结}$”式中的V

我们找到结果补语61例，其中出现的动词49个，如下：

打(6)、冲(3)、烧(3)、冻(2)、击(2)、选(2)、绊、叉、查、吃、刺、挡、钓、封、割、瓜分、刮、豁、劫、卡、砍、扣、拉、拦、买、迷、难、弄、拍、抢购、杀、收购、撕、索要、挑选、偷、推、吸引、消灭、咬、砸、扎、炸、折、震、整、制止、抓、撞

出现频率最高的动词是“打”。值得注意的现象是，动词以单音节动词为主，双音节动词只有8个：瓜分、抢购、收购、索要、挑选、吸引、消灭、制止。

4.2.3 “A被BVR$_{结}$”式中的结果补语

我们找到的61例带结果补语的被字句中，结果补语的情况如下：

住(10)、走(8)、掉(5)、断(5)、伤(5)、死(4)、一空(3)、倒(2)、破(2)、碎(2)、中(2)、沉、得、光、害、坏、毁、昏、开、苦、垮、塌、完毕、醒

从统计的情况来看，结果补语的复现率是很高的，像“住”“走”分别出现了10次和8次。另外，除了“一空”“完毕”以外，其他结果补语都是单音节的，可见，结果补语大部分以单音节的形式出现。

从词性来看，“住、走、掉、断、伤、死、倒、破、碎、中、沉、得、害、毁、昏、开、垮、塌、完毕、醒”为动词，“一空、光、坏、苦”为形容词。

4.3 情态补语

4.3.1 句法构成

情态补语主要指动词后用“得”连接的表示动作的结果状态的补语，由“个”“得个”连接的补语也属于情态补语。(刘月华，2001）我们共找到 14 例情态补语被字句，其所占比例并不高。被字句中的情态补语较之结果补语，结构更为复杂。

14 个例句中，情态补语为主谓结构的有 3 个：

(1) 久攻不下，爱尔兰军更加急躁，埃军 2 号后卫哈桑与前锋 9 号哈桑相继受伤，18 号前锋奥拉比也被撞至血流满面。

(2) 鹅也被杀得一个不留。

(3) 其次，第二传染病医院宿舍楼的垃圾，至今没解决清运问题，每天脏纸被风刮得满街都是。

情态补语为动词结构（包括动宾结构）的有 4 例：

(4) 后来，王被整得吐血，强行调离一中；李则在工作中受到了种种刁难。

(5) 馆外，一片灿若云霞的芙蓉花，似乎被这欢呼的声浪冲击得频频点头、绽开了笑脸。

(6) 烈日炎炎，海水蒸腾着热气，甲板被太阳晒得发烫。

(7) 伴随了他们四个月的虱子，被烧得劈劈啪啪响。

情态补语为形容词重叠式的有 3 例：

(8) 岭坡村舍全被葡萄架遮盖得严严实实。

(9) 随着镜头的转换，一台空气滤清器清洗机特别引人注目：滤网固定架欢快地旋转着，顷刻间，一套滤网被洗涤得干干净净。

(10) 可他们浑身都被浪花溅得湿漉漉的，就像泡在海水里似的。

情态补语为成语等固定搭配的有 4 例：

(11) 走进北京王府井一年前拔地而起的利生体育用品服务中心的营业大楼，熙熙攘攘的人流摩肩接踵，一些柜台竟被围得水泄不通。

（12）全运会期间，上海东亚饭店的大门和后门常常被围得水泄不通。

（13）他是在向天安门开进途中，为营救战友，被暴徒用钢筋、石块、酒瓶打得遍体鳞伤。

（14）大家面面相觑，啼笑皆非，而孙阿姨也被眼前的景象惊得手足无措。

情态补语的语义指向分两类：指向受事；指向动词。指向动词的包括例（7）、例（8）、例（11）和例（12）；其他例句都指向受事。

4.3.2 "A 被 $BVR_{情态}$"式中的 V

14 个例句中，出现的动词情况如下：

围（2）、冲击、打、刮、溅、惊、杀、晒、烧、洗涤、遮盖、整、撞

双音节动词 3 例，单音节动词 11 例，单音节动词占大多数。

"A 被 $BVR_{情态}$"式被字句对动词的包容性较高，它甚至可以容纳一些不及物动词进入。例如：

（1）李红霞被她笑得丈二和尚摸不着头脑，杨秀青还在不停地笑。（戴雁军《乡村事件》）

——李红霞因为她笑而丈二和尚摸不着头脑

（2）他被孩子哭得乱了方寸。

——他因为孩子哭而乱了方寸

动词"笑"在《现代汉语词典》(第 6 版）中有两个义项：一是露出愉快的表情，发出欢喜的声音；二是讥笑。义项一为不及物动词，义项二为及物动词。例（1）为义项一，这从后一小句"杨秀青还在不停地笑"可以看出来。例（2）"哭"也是不及物的。这时候，B 不是施动性成分，而是与动词一起构成表因成分。

4.4 时地补语

时地补语表示动作行为所涉及的时间位置和方所位置。（邢福义，1996）例如：

（1）他被关进监狱了。

（2）他被关到天亮。

在 769 例被字句中，我们找到了带时地补语的被字句 59 例，这 59 例都是表示地点的，我们将之称为“A 被 $BVR_{地}$”式，占 187 例带补语被字句的 32%，仅次于结果补语被字句，所占比例很高。

这些时地补语主要是由介词短语“在 / 于……”和趋向动词短语“往 / 到……、进 / 入 / 出……、上 / 下……”构成。

“V 在 / 于……”结构如下：

(3) 敌人大批军车横七竖八地被丢弃在公路上，堵塞了公路。

(4)《阅微草堂笔记》载：一富户遭强盗抢劫，一家大小被堵在屋内，唯 15 岁的做饭婢女睡在厨房，悄悄溜出唤来全村乡亲，擒贼救主。

(5) 中国如果改弦易辙，那只能以一个发展中国家进入资本主义体系，因而从一开始就要被置于国际垄断资本的统治之下，成为他们的附庸国。

(6) ……勾结张作霖搜查苏联使馆，拘捕李大钊同志等八十余人，在四月二十八日被绞死于京师地方法院看守所，同难二十人。

“V 往 / 到……”结构如下：

(7) 父母被逼离家，天寒地冻旧病复发，4 天后才被乡亲们救往医院。

(8) 美国海军陆战队和沙特部队被紧急调往海夫吉，以增援驻守在那里的卡塔尔部队。

(9) 毕业时，他因品学兼优被优先分配到北京，在中国地质科学院的《地质学报》担任编辑。

(10) 他右手握住枪口往上一提，冲锋枪被甩到胸前。

“V 进 / 入 / 出……”结构如下：

(11) 他们被领进了低矮潮湿的土屋。

(12) 洛德对参加今天纪念会的中美来宾说，那时，美方的草案被扔进了历史的垃圾堆。

(13)“咔嚓”一声，日本神户女队与北京队刚相识的朋友，被记者们摄入镜头。

(14) 原来，这匹生意红火的“骏马”不知被哪个部门列入“炒鱿鱼”对象，这块“黄金宝地”也让给隔壁的布店，让他们再上规模。

(15) 谁都没有预料到，六运会足球决赛爆出的第一个冷门是：天津足球队被挤出八强。

“V 上 / 下……”结构如下：

(16) 但是，法网难逃，李效民终于被押上人民法庭。

(17) 人的一生就像航行在大海中的一叶小舟，随着大风大浪，时而被抛上浪尖，时而被摔下浪谷，但只要你牢牢把稳航舵，总能达到理想的彼岸。

4.5　数量补语

在动词后表示有关动作、变化的数量的成分叫数量补语。(刘月华，2001) 被字句的数量补语有两类：动量补语和时量补语。动量补语表示动作、行为进行的数量——次数，由动量词充任；时量补语表示动作或状态持续时间的长短。(刘月华，2001) 例如：

(1) 他被人打了一顿。

(2) 要是杨成方被判个十年八年的，谁给这个家挣钱？（刘庆邦《到城里去》）

例 (1) 为动量补语，例 (2) 为时量补语。值得说明的是，时位补语与时量补语不同，前者表示时点，后者表示时段。前者如“奋斗挣扎到天明”(邢福义，1996)。

我们在语料库中找到了 17 个数量补语被字句，其中，动量补语 10 个，时量补语 7 个。动量补语被字句例如：

(3) 谁知我们去的那片地，早被人翻过不只一次了。

(4) 可他的脚冻伤了，队列走不好，要求休息二天，却被不了解内情的班长臭训了一顿。

(5) 在青运会的一场男篮比赛中，解放军队七号王卓犯规，被辽宁队队员打了一掌。

(6) 钱培生头部身上被歹徒连刺七刀，失血过多，至截稿时仍处于昏迷状态，未脱离危险。

时量补语被字句例如：

（7）69 岁的甄建平将老母关进碉堡使其死亡，被闸北区法院判处徒刑 15 年。

（8）今年六月十六日晚十点，赵 ×× 与邻居发生口角，动手打人，将邻居打伤，被海淀区公安分局拘留 15 天，责令他赔偿经济损失。

4.6 趋向补语

趋向补语表示行为性状发展变化的趋向或趋势，如果以 XY 分别代表心语和补语，那么二者的语义关系是：Y 是 X 的趋向或趋势。（邢福义，1996）我们把带趋向补语的被字句表述为“A 被 BVR$_{趋}$”式。趋向补语由趋向动词充当，例如：

（1）他被人赶出去了。

（2）消息是断黑时传开的，……所到之处人就像尘土和枯叶一样立刻被卷起来。（陈世旭《波湖谣——四季》）

（3）经过很多人的努力，吴兆骞终于被赎了回来。（余秋雨《流放者的土地》）

（4）开头我没被揪出来。（冯骥才《一百个人的十年》）

例（1）为基式，后三例为带状式，其中例（4）是否定副词做状语。趋向补语在语义上指向与“A被BVR$_{结}$”式相同，也是指向A。如例（1）“他——出去”、例（2）“尘土和枯叶——起来”、例（3）“吴兆骞——回来”、例（4）“我——出来”。

汉语中的趋向补语是一个封闭的小类，包括单音节趋向补语和复合趋向补语，如下表所示（刘月华，2001）：

简单趋向补语	来	去	上	下	进	出	回	过	起	开	到
复合趋向补语			上来	下来	进来	出来	回来	过来	起来	开来	到……来
			上去	下去	进去	出去	回去	过去		开去	到……去

因此利用语料库，对带趋向补语的被字句进行全量搜索是可行的。为此，我们查找了“语料库在线”，查找的方法是分别搜索“被（空格）上”(这就包括了

“上”“上来”“上去”），“被（空格）下”(这就包括“下”“下来”“下去”），“被（空格）出”(这就包括“出”“出来”“出去”），“被（空格）进”(这就包括“进”“进来”“进去”），“被（空格）过”(这就包括“过”“过来”“过去”），“被（空格）起”(这就包括“起”“起来”“起去”）。具体情况如下所示。

4.6.1　“A 被 $BVR_{来/去}$”

我们在“语料库在线”的“现代汉语语料库”里搜索“被（空格）来”，共找到了 1875 条例句，其中“A 被 $BVR_{来}$”句 15 例。所用的动词 12 个，如下：

请（2）、抬（2）、抓（2）、撮、贩运、赶、抢、送、选择、找、拽、捉

15 例中，表趋向的有 14 例，表结果义的只有 1 例。表趋向的例如：

（1）哼，你看，我是被请来的呵!

（2）老兵冷笑了一声说："你们都是四九年被抓来的吧?

（3）发电机很快被送来了。

表示结果的是：

（4）但是大体上，我们不妨说是，和当时国民大众潜伏的情绪合流了；所以他们在今天被选择了来，代替大众自己的心中的喊叫了。

“选择”意义比较抽象，不像“请、抬、抓”等那么实在，所以“选择了来”更倾向于表示结果。不过，从比例来看，表趋向是该句式的核心语义。

我们观察这 15 个例句发现，因为“A 被 $BVR_{来}$”补语形式比较简单，所以从句式成活的角度来说，其成活需要额外增加一些成分，或者是“了”，或者是被字短语存在于“是……的”中间等。例句中有“了”的共 6 例，存在于“是……的”中间的 7 例，只有 2 例没有额外的成分，不过它们都紧接后续小句，就是说被字小句其实是语义未尽的。

（5）一个病人哼哼唧唧地被抬来，嘻嘻哈哈地自己走出院。

（6）……于是“中国模拟人”又被请来，把它的头部放入放射区，模拟活人动作一百八十秒，科研人员也迅即从它的头部测出各类数据。

从动词的单双音节来看，双音节动词2个，且出现频次只有1次。其他的都是单音节动词，出现频率最高的也是单音节的。可见，对于单音节的趋向补语“来”来说，最常搭配的动词也是单音节的。

我们搜索“被（空格）去”，得到1074条例句，其中“A被BVR$_{去}$”句共103例，动词57个，如下：

捉（8）、抓（8）、抢（7）、夺（6）、拿（5）、捕（3）、撤（3）、掳（3）、扒（2）、带（2）、割（2）、裹（2）、攫（2）、虏（2）、窃（2）、请（2）、收（2）、邀（2）、占（2）、包、剥夺、吃、冲、除、吹、叼、调、俘、购、缴、叫、截、砍、啃、拉、利用、掠、买、模仿、抹、牵、窃取、摄、撕、听、吞、吸收、席卷、削、消、咬、摘、找、占领、遮、争夺、掷

从比例来看，大部分例句是表示趋向义的，趋向补语“去”主要表达“离开、离去”的意义。例如：

（1）祥林嫂死了丈夫后，被婆婆抓去，派人用绳子捆了，塞进花轿，强迫卖与山民贺老六成亲。

（2）我的丈夫在本月×日突然被这儿的官厅捉去。

（3）有七个沾巴花一样的姑娘，全被魔王抢了去。

也有部分是表示结果义的，例如：

（4）直到晚霞被夜幕遮去，楼梯上才响起了脚步声。

（5）凡可以泊船的地方早已被当地渔船占去了。

（6）这点手法，也被印象派画家模仿去。

例（4）、例（5）、例（6）表达趋向的意思不明显，较多地是表达结果义，有“失去”的意思。

这103个例句中，双音节的动词只有7个，分别为：剥夺、利用、模仿、窃取、席卷、占领、争夺。且这7个词出现的频次都只有一次。其他96个例句中的动词都是单音节动词。这说明，对于单音节趋向补语“去”，最常搭配的核心动词也是单音节的。

4.6.2　“A 被 BVR$_{上/上来/上去}$”

在语料库中搜索“被（空格）上”(这就包括了“上”“上来”“上去”)，共找到1281个例句，从中筛选出“A 被 BV$_{上、上来}$”句式一共6例。其中“上”5例,“上来”1例，未见“上去”例。出现在“A 被 BVR$_{上}$”中的谓语动词如下：

赶、勾引、填补、撞、追

例句如下：

（1）否则，一旦她们被不正当的男性勾引上，便会很快走上堕落、犯罪的道路。

（2）弟弟眼看快要被追上了，就将小坦克向草地上一扔:“有什么了不起！……

（3）兔子睡了一觉，醒来以后发现已经被乌龟赶上了。

（4）偏偏被校长撞上，批评了一通，并在全校大会上点了李玉的名。

（5）十几年的空档，被观众用想象填补上了。

出现在“A 被 BVR$_{上来}$”中的动词只有1例，即“拉”。

（6）黄鹂系在一根木棍上，一会儿悬空吊着，一会儿被拉上来。

例（1）至例（5),“上”都是表结果的，表示目标达到、实现的意思。只有例（6）“上来”表示趋向。按说“上去”出现在“被V”之后，应该也没有问题。但语料库中未见用例。

4.6.3　“A 被 BVR$_{下/下来/下去}$”

在语料库中搜索“被（空格）下”，共找到1051个例句，从中筛选出“A 被 BV$_{下}$”句式8例，“A 被 BV$_{下来}$”句式37例，“A 被 BV$_{下去}$”句式35例。

“A 被 BV$_{下}$”句式中的谓语动词包括：罚（2)、攻（2)、按、带、停留、摘。

“下”既可以表趋向，也可以表结果。例如：

（1）一名球员被红牌罚下。

（2）够了吧，这样的一大枝，全被你摘下了。

（3）接着又有几个州县被官军攻下。

例（1)、例（2）表趋向，例（3）表结果。“被红牌罚下”是固定用法，出现频率也比较高，占“A 被 $BV_{下}$”句式的 25%。

从动词的单双音节上来看，单音节占绝大多数，双音节动词只有 1 例“停留”。这跟趋向补语“下”是单音节有关。

“A 被 $BV_{下来}$”句式中的谓语动词包括：保留（3）、肯定（3）、确定（3）、打（2）、留（2）、压（2）、记忆、接生、接收、接受、解决、录、拍、拍摄、驱逐、认定、扫、摔、涮、偷、推、退、脱、熏陶、沿袭、沿用、掩盖、震动。例如：

（4）而且这些文化一旦被保留下来，作为一种历史的文化遗产具有相对的稳定性。

（5）大地主、大买办阶级的专制独裁统治被袁世凯用法律形式肯定了下来。

（6）结果，太阳的火焰真的被偷下来了，地球上有了温暖和光明。

例（4）、例（5）表结果，例（6）表趋向。从出现在“A 被 $BV_{下来}$”句式中的谓语动词来看，“保留”义动词和“确定义”动词较多，出现比例均为 19%。其中“保留义”动词包括：保留（3）、留（2）、沿袭、沿用等，“确定”义动词包括：肯定（3）、确定（3）、认定。

“A 被 $BV_{下去}$”句式中的谓语动词包括：镇压（13）、压（5）、吞（4）、毁灭（2）、挤（2）、按、传递、挫折、打、扑灭、吞食、挖、压制、咽。例如：

（7）到 1849 年下半年，这场革命基本上被镇压下去。

（8）李二嫂的声音，顿时被她压下去。

（9）张春正要跳起来，被大家按了下去。

例（7）、例（8）表结果，例（9）表趋向。其中，“镇压”出现的频率明显偏高，占 38%，是“A 被 $BV_{下去}$”句式最常态的用法。如果再加上意义类似的“压”和“压制”，总量占到了 56%。

4.6.4 “A 被 $BVR_{进/进来/进去}$”

在“语料库在线”中搜索“被（空格）进”，共找到 787 个例句，其中“A 被 $BV_{进}$”句式一共 4 例，“A 被 $BVR_{进来}$”句式 9 例，“A 被 $BVR_{进去}$”句式 11 例。

出现在“A被$BVR_{进}$”中的谓语动词4个：

冲、带、潜、钻

例句如下：

（1）康瑛被带进。

（2）我心上也被冷意潜进了。

（3）后来，村西南角被敌冲进……

（4）而你呢，确是有些空子被他钻进了，这就是你有个人主义，虚荣心，骄傲自满情绪。

上述4例，“进”都表示趋向意义。4个动词都是单音节动词。

“A被$BVR_{进来}$”句式9例，其中谓语动词9个：

吹、介绍、卷、拉、请、推、吞、考虑、运

例句如下：

（5）笑声，沿着山谷被风吹了进来。

（6）吴大爷被小秦子从中门推进来。

（7）哦，我和飞机就是被它“请”进来的。

（8）这时，只有当年资可以作为才能——功绩的一个促成条件时，它才会被考虑进来。

这些例句都是表示趋向意义的，不过，例（5）、例（6）、例（7）意义实在，而例（8）意义较虚。

从动词的单双音节来看，双音节词2个，单音节词7个，看不出趋向补语“进来”与核心动词单双音节的对应关系。

“A被$BVR_{进去}$”句式11例，其中谓语动词9个：

吞（2）、吸（2）、包括、卷、拉、牵连、吸引、遮、钻

例句如下：

（9）前面的人渐渐被山峰吞进去……

（10）只轻轻地一拉，人就被拉进去了，接着就关紧了房门。

(11) 前面已谈到，轨道经过大行星的小天体终究要被大天体吸进去，成为陨星和流星。

(12) 而他又把补养品的范围扩得很大，连牛奶、煮鸡蛋之类的东西也被包括进去。

这些例句都是表示趋向意义的。从动词的单双音节来看，双音节 2 例，单音节 9 例。看不出双音节补语“进去”与动词音节数量的对应关系。

4.6.5 “A 被 $BVR_{出/出来/出去}$”

在“语料库在线”中搜索“被（空格）出”，共找到 1355 个例句，其中“A 被 $BV_{出}$”句式一共 18 例，“A 被 $BVR_{出来}$”句式 92 例，“A 被 $BVR_{出去}$”句式 15 例。

“A 被 $BV_{出}$”句式中动词 12 个：

扑（3）、查（3）、排（2）、认（2）、测、抽、挡、检、救、抛、驱、译

用例如下：

(1) 下半时，东亚队曾有两次得球的好机会，可是球运不佳，一次被守门员扑出，一次被守门员接住，终于没有攻破对方大门。

(2) 终场前 2 分钟解放军队射门被朱力挡出，一记长传，9 号穆瑞正个人突破再添一分。

(3) 其代谢产物为二氧化碳和水，也容易被机体排出。

例（1）、例（2）、例（3）表趋向，即“人或事物随动作从里向外”。下述 3 例表结果，表示动作完成，“兼有从隐蔽到显露或从无到有的意思”。

(4) 当走到离故园还有一里多路的“新龙亭”时，被正在亭子里歇脚的陶贤臣老人认出了……

(5) 之后，各个密码陆续破译，到 1963 年，20 种氨基酸的密码全部被译出。

(6) 如果舞弊被查出，要罚款一千美元，或者监禁一年，有的既罚款又监禁。

12 个动词均为单音节动词，对应单音节补语“出”。

“A 被 $BVR_{出来}$”句式 92 例，其中动词共 58 个：

提（8）、创造（5）、赶（4）、揭示（4）、释放（4）、拉（3）、生产（3）、表现（2）、查（2）、唱（2）、挤（2）、解放（2）、揪（2）、抛（2）、认（2）、提取（2）、拥（2）、逼、辨认、扯、撑、顶、发、发挥、发觉、翻译、分割、轰、哄、呼、呼唤、还原、激发、接、揭、揭发、看、描画、描绘、刨、培植、抢救、驱、送、逃走、提取、体现、听、吐、拖、选拔、咬、引导、择、指、制定、制造、掷

例句如下：

（7）她从监狱中被拉出来，走进一间空阔的屋子。

（8）王大顺分了分众人想挤进去瞧瞧，刚挤进半个身子去又被人家一肘子顶出来了。

（9）他们早已被以色列占领军赶出来，许多岁月流逝了，家园在哪里，前途仍甚渺茫。

上述3例“出来”都是趋向意义，“表示人或事物随动作从里向外”，立足点在外。

（10）文化虽然是人创造的，但它一旦被创造出来，就会被一代一代传递下去，不为尧存，不为桀亡。

（11）不久，陈至煌的建议在区和市的人民代表会议上，作为提案被提了出来。

（12）若与庆龄同行不唯要慢一些，而且还容易被认出来，危及先生。

（13）这会被敌人看出来的呀！

上述4例“出来”是结果意义，例（4）、例（5）是从无到有，例（6）是从隐蔽到显露。

“A被BVR$_{出去}$”共15例，其中动词14个：

开除（2）、轰、叫、闹、撵、排斥、排挤、排除、排泄、清洗、请、驱逐、销售、张扬

例句如下：

（14）我又被叫了出去。

（15）在西班牙，阿拉伯人的统治势力一步步被当地居民排挤出去。

（16）而利用较多的中间商，如图 10.5 所示，就能拓宽销售渠道，使商品货畅其流，迅速地被销售出去。

上述 3 例“出去”，是趋向意义。

（17）那晚他在自己原来的家中和李淑贞过夜的事，毕竟有损于他和李淑贞的名誉的，他不愿被张扬出去。

（18）而你的事被闹出去了，外国也知道了，外国一些作家名人打电报来反对国民党抓你，要释放你。

上述 2 例“出去”，是结果意义，表示人或事物随动作由隐蔽到显露。

从音节的对应性上来看，趋向补语“出来 / 出去”与中心动词之间在音节上并无显著的对应性。

4.6.6 “A 被 $BVR_{回/回来/回去}$”

我们在语料库中查找“被（空格）回”，共找到例子 391 句，其中“A 被 $BVR_{回}$”17 例，“A 被 $BVR_{回来}$”23 例，“A 被 $BVR_{回去}$”13 例。

“A 被 $BVR_{回}$”17 例，其中动词 7 个，包括：

驳（8）、赎（2）、弹（2）、退（2）、夺、收、召

（1）以后翟芝芳又写信寄钱数次，家里的回信均被退回。

（2）同样的外力，冲击到钢片上即被弹回，冲击到土块上便把土块压碎。

（3）当时父亲正从赴延安的途中被召回，紧急派往北平。

上述例子中“回”都是表示趋向意义的，当然，有的是实在意义，表示从空间上回到原处，有位移。有的意义虚化，表示事物的进展、某物的所有权等回到原处。如：

（4）当时，林嘉禾还不到三十岁，他不服判决，多次上诉，但屡次被驳回。

（5）直到 31 日上午，负责指挥这场战斗的沙特司令员才宣布：海夫吉 31 日清晨时已被多国部队夺回。

（6）奕誴的儿子载濂、载漪、载澜都利用义和团，因此获罪，园子后被清廷内务府收回。

从动词出现的频率来看，“驳”出现比例很高，几乎占了一半，是被字句“回”补语的强势用法。

“A 被 $BVR_{回来}$”23 例，其中动词 21 个：

送（2）、退（2）、驳、调、堵、反射、反弹、寄、救、蹶、碰、掐把、驱逐、收、弹、踢、托、拖、抓、阻拦、阻止

用例如下：

（7）过了一会儿，他又被送了回来，不是送到原来的位子上，而是被送到了会场中央。

（8）运抵国外港口的一批中国化工产品被退了回来，仅仅由于提货单上的产品名称与合同上的不一致。

（9）如今，强占的房屋被收回来了，父母已治愈出院。

（10）张全义的每一句话都被徐承宗驳了回来，除了窝火，别无收获，……

跟“回”一样，上述例子中“回来”都是表示趋向意义的，当然，有的是实在意义，表示从空间上回到原处，有位移，如例（7）、例（8）。有的意义虚化，表示所有权回到原处，如例（9），或某种思想回到原处，如例（10），没有空间的位移。

“A 被 $BVR_{回去}$”13 例，其中动词 9 个：

反射（4）、压（2）、喝、架、劝、拖、吸、吓、赚

用例如下：

（11）光射到物体表面上的时候，有一部分光会被物体表面反射回去。

（12）听说老韩病了，他先是买了四斤月饼送去，被张淑琴“劝”了回去。

（13）这话已到我的唇边，被我压回去了。

被字句中的趋向补语“回去”都是表示趋向意义的。当然有的意义比较虚化，如例（13）。

从趋向补语出现的频率来看，回、回来、回去的比例为：17:23:13。作为被字句趋向补语的“回来”，出现频率最高。

4.6.7 “A被BVR$_{过/过来/过去}$”

我们在语料库中搜索“被（空格）过”，共863条例句，其中“A被BVR$_{过}$”7例。动词7个，包括：

逼、催、放、拂、瞒、压迫、轧

有的表示趋向意义：

(1) 微弯的把杆，宽大的墙镜，被琴声拂过，显得更洁净，更明亮了。

(2) 现场勘查死者系被汽车右后轮轧过，前轮并未与郭接触……

上述两例趋向补语“过”，都表示“经过某处所”。有的表示结果意义：

(3) 更令人发指的是，“熊爪”所向，就连有病的少女也没有被放过。

(4) 那左边的猴子，你看，他第一层也是金，所以不管是火烧，还是试金石划，都被它瞒过了。

上述两例“过”，是结果意义，表示“度过”。

我们在例句中还发现了一些有意思的现象：趋向补语“过”，还有带否定词的可能补语形式，表示情态意义。

(5) 坐在黑影沉沉的舱里，我起先只在静听着柔橹划水的声音，然后却在黑影里看出了一星船家在吸着的长烟管头上的烟火，最后因为被沉默压迫不过，我只好开口说话了……

(6) 尤发被小通讯员催不过，慢吞吞地走了，临走没忘了一遍遍叮嘱机耕队的小伙子们多装快运。

(7) 最后“中间人”终于被逼不过，想到那老太婆还有一个当宪兵的儿子，便告诉高×人，说是那个宪兵现在东城某处站岗。

例 (5)“被压迫不过”意义为“被压迫得受不了”，例 (6)“被催不过”意义为“被催得受不了”，例 (7)“被逼不过”意义为“被逼得受不了”。

“A被BVR$_{过来}$”16例。动词15个，如下：

吸引 (2)、扳、传递、递、夺、夺取、翻转、俘虏、惊醒、纠正、抛、顺、踢、温暖、迂回有一些例句是表达趋向意义的：

(8) 一个约莫两岁的女孩从人群的头顶上被传递过来。

(9) 我刚想转过脸去，却被她一下子扳了过来，说："我给你擦擦。"

(10) 例如在瓦桥关（今河北雄县）以南地域，在后周统治中原时代，已经被夺取过来。

例 (8)"过来"表示"向立足点移动"，例 (9) 表示"改变方向"，即"面向立足点"，例 (10) 意义比较虚化，没有位移，只是"所有权"的转移。

有一些例句是表达结果意义的：

(11) 陶哲思前想后，那颗饱受蹂躏的心，刚被润格温暖过来，又重新执着地要脱离尘世的烦扰。

(12) 长期以来的"左"的错误被彻底纠正过来……

上述例子，"过来"表达的意义是"表示恢复或转变到正常的、积极的状态"。

"A 被 $BVR_{过去}$" 18 例。动词 15 个，如下：

吸引 (5)、抢 (2)、岔、超、催眠、带、接、拉、溜、骗、踢、占、抓

被字句中的趋向补语"过去"有一些是表示趋向意义的。比如：

(13) 如果空睁着两只大而无神的眼，看上去漠然无动于衷，观众就不会被你吸引过去。

(14) 黄蚁早调来了它们的兵蚁，声势很强，面包已经被抢过去了。

(15) 只要你少许迟慢一步，就被人超过去了。

(16) 以前曾被敌人占过去，经过几次血肉的冲锋，最后终以我军五个人将桥夺回来……

"过去"表示趋向意义，有些比较实在，有位移，如例 (15)、例 (16)，有些意义比较虚，如例 (14)、例 (17)。还有一些是表示结果意义的。如：

(17) 我不懂催眠术，但那个看守的确被催眠过去了，他完全依从他，听他的命令，做他平日所不能做的，一个普通人所不能做的事。

"被催眠过去"中的"过去"表示"失去正常状态，多用于不好的意思"，和"过来"的意思正好对应。

4.6.8 “A 被 BVR$_{起/起来}$”

我们在语料库中搜索“被（空格）起”，共得到915条例句。其中，“A被BVR$_{起}$”17例，动词14个，如下：

连根拔（3）[①]、救（2）、拔、冲、拂、浮、唤、举、抛、燃、锁、谈、提、扬

有一些例句中的“起”是表示趋向意义的。例如：

（1）四位藏胞和牛马返回家乡的途中，被更大的洪水冲到下游很远的地方，才被人救起。

（2）我把视线收近，一个孩子气喘吁吁地站在我面前，胸前的红领巾被夜风拂起，稚嫩的小脸绯红绯红，一双大眼睛噙着晶莹的泪花。

（3）可是一旦被连根拔起，基督教文明的花朵，例如民主，就将枯萎而死亡……

上述3例中的“起”，表示由下往上的趋向。也有一些“起”表示状态意义，表示进入新的状态。

（4）这些话尤其在大昌和滚儿都在场的情况下一遍遍被人谈起。

（5）恰在此时，一度被人们冷漠、淡化的英雄，如雷锋、王铁人，又被人们重新唤起，也开始复活在屏幕……

（6）(希望被燃起，又去掏报告）厂长——

例（4）、例（5）、例（6）都有表示“开始”的意思。

“A被BVR$_{起来}$”共56例，其中动词48个，如下：

包围（4）、扶（2）、鼓动（2）、禁锢（2）、软禁（2）、掩盖（2）、保存、保留、藏、串、存、吊、调动、冻结、感动、供养、孤立、固定、激发、叫、建立、扣、捆、拉、撩逗、蒙蔽、密封、确立、燃烧、煽动、搜集、抬、提倡、围、掀、协调、押、掩护、引、优待、幽囚、运用、遮挡、遮盖、抓、拽、组织、组装

有一些“起来”是表示从下到上的趋向意义的。比如：

---

① 按照《现代汉语词典》(第6版)，“连根拔”是一个动词。

（7）她被扶起来，感到了是两个人。

（8）一张竹丝帘子被掀了起来，走出一个戴红缨瓜皮帽的人……

（9）这时山野里刮来怒吼的狂风，小树被劈成两半，山岗、河流，像全要被抬了起来。

还有一些“起来”表示结果意义。如：

（10）这样油滴就被肥皂分子包围起来（图 5—7）。

（11）金娃娃一走进石油化工厂的管道，立刻就被密封起来。

（12）这些记忆的碎片似乎被一根线串起来，不再是孤立的毫不相干的现象。

（13）任何现实的主体和客体的关系，只有通过实践才能被确立起来。

表达结果意义的“起来”，有连接、结合、固定或者聚拢的意思。

另外一些“起来”表示状态意义，即进入了新的状态。

（14）她被一股激情鼓动起来，稍微沉吟一下，说，“我配得上你的话，就跟你，不过，我有个条件！”

（15）所以，其活力一旦被激发起来，后劲就会更足。

（16）岳全善第一次说出了心中的话，他的脸被仇恨燃烧起来，他的胸脯像要胀开似地起伏着。

从动词与补语单双音节的对应关系上来看，单音节的“起”与单音节动词有明显的对应关系，双音节“起来”与动词的音节数则没有明显的关系。

4.6.9　“A 被 $BVR_{开/开来/开去}$”

我们在语料库里搜索了“被（空格）开”，找到 582 个例句。其中“A 被 $BVR_{开}$” 72 例，动词 29 个。如下：

推（22）、隔（7）、揭（5）、踢（5）、撞（5）、拉（3）、拨（2）、弹（2）、掰、搬、抱、拆、冲、吹、断、放、分割、分隔、分裂、格、豁、拦、抛、撬、区分、烧、射、摔、砸

有一些“开”是表示趋向意义的。

(1) 姬贤唆使其妻王云和其母胡将孙打了一顿，被人拉开。

(2) 此刻，全家老小无不伤心恸哭，文涛自不必说，站在停尸床前直拉爸爸的袖子，哭了一会儿，便被奶母抱开了。

(3) 白银已经被搬开了，这里空荡荡的，看上去什么也没有。

“拉开”“抱开”“搬开”中的“开”都是离开的意思，都有位移。

有一些“开”是表示结果意义的。

(4) 突然，外屋的房门被轻轻地推开了。

(5) 如果熄灭一盏电灯（把灯泡从灯座上去掉），电路就被断开，另一盏灯也就不亮了。

(6) 15分钟被掰开了，每秒钟都被拉得又重又长。

(7) 南端的火地岛同大陆之间被狭长的麦哲伦海峡隔开。

上述4例的“开”，有分开、断裂的意思。

从动词出现的频率来看，“门被推开”是出现频率最高的形式，是“A被BVR$_{开}$”的典型形式。

“A被BVR$_{开来}$”共6例，动词5个，如下：

分割（2）、分离、鉴别、切分、震

“A被BVR$_{开来}$”中的“开来”都是表示结果意义的。如下：

(8) 原来，白云街管辖的地段虽然是个整体，但保洁工作却人为地被分割开来。

(9) 一个个宝石通过仪器测试，很快，假宝石和真宝石便被鉴别开来。

(10) 社会性的介入，艺术生产与消费就从形式（而非本质）上被分离开来，生产与消费之间插入了市场这个中间环节，即艺术生产——艺术市场——艺术消费。

上述趋向补语“开来”都表示分开。

“A被BVR$_{开去}$”只有1例，如下：

(11) 飞机向前飞，跟飞机的头部和两翼的前沿相撞的空气分子也以声音传播的速度被推开去，可是飞机本身却以同样的速度追上了它们。

“被推开去”中的“开去”，是趋向意义，意思是离开。

在被字句中，趋向补语“开”“开来”“开去”出现的频率比为：72:6:1。可见，“A被 $BVR_{开}$”是最常见的形式。

4.6.10　“A 被 $BVR_{到}$”

我们在语料库中查找“被（空格）到”，一共找到 1644 个例子，从中剔除无关例句。共得到“A 被 $BVR_{到}$”39 例。动词 18 个，情况如下：

看（7）、意识（6）、听（4）、观测（3）、观察（3）、找（3）、搜查（2）、逮、感受、碰、呛、认识、拾、收、闻、想、寻觅、注意

从动词出现的情况看，“看听闻”等感受类的动词较多：看（7）、听（4）、观测（3）、观察（3）、闻（1）。共 18 例，占全部例子的 46%。

趋向动词“到”在被字句中都是表示结果意义的，没有表示趋向意义的语例出现。比如：

（1）因此，只有在日全食时（或用特殊望远镜）才被人们看到。

（2）有报道说，失事飞机上的黑匣子已被找到。

（3）但是这些尘埃也一直没有被观测到。

（4）潜意识（unconsciousness）又译成无意识，是不能被人意识到的。

（5）不能再寻找那家商店；我急切地想回家，可是家也被寻觅不到。

上述例子中的“到”，都表示动作达到了目的或有了结果。

需要指出的是，根据刘月华（2001），趋向补语除了“到”以外，还有“到……来”“到……去”，因为“到……来/去”中间出现地点名词，因此从语法类型上来说，该句式为被字句带地点宾语的句型。这是下文将要涉及的，因此，本章不谈。

4.6.11　小结

趋向补语在汉语中是一个封闭性的小类，因此我们根据“语料库在线”中的“现代汉语语料库”对其进行了穷尽性的考察。并从中得出了一些结论。

1. 被字句中的趋向补语从意义上来说可以分为三类：趋向意义、结果意义和状态意义。其中，趋向意义是基础意义，结果意义和状态意义是引申意义。

2.“A被BVR$_{趋}$”式中V的语义与其后趋向补语的意义具有比较强的关联性，换句话说，动词的意义对趋向补语具有选择性。比如，趋向补语“下去”与表示“压”意义的动词搭配出现的比例非常高，“镇压”“压”“压制”占总比例的56%；又如，趋向补语“到”与“看听闻”等感受类动词搭配较多，占46%。

3.“A被BVR$_{趋}$”式中V和趋向补语在音节方面存在对应性（以趋向补语为视角）：当趋向补语为单音节词时，V大部分为单音节动词，这是呈压倒性的趋势。但当趋向补语为双音节词时，V的音节数就没有明显的趋向，单双音节都可以。我们看下表：

单音节趋向补语	例句数	（其中）单音节动词数（所占比例）	（其中）双音节动词数（所占比例）
来	15	13（87%）	2（13%）
去	103	96（93%）	7（7%）
上	5	3（60%）	2（40%）
下	8	7（88%）	1（12%）
进	4	4（100%）	0
出	18	18（100%）	0
回	17	17（100%）	0
过	7	6（86%）	1（14%）
起	17	14（82%）	3（18%）[①]
开	72	68（94%）	4（6%）
到	39	21（54%）	18（46%）

如表所示，“A被BVR$_{趋}$”式中趋向补语如果是单音节的，那么核心动词便多数为单音节的，特别是“进、出、回”这三个趋向补语，核心动词100%为单音节。

① 此3例动词均为“连根拔”，是三音节动词。

双音节趋向补语	例句数	（其中）单音节动词数（所占比例）	（其中）双音节动词数（所占比例）
上来	1	1（100%）	0
上去	0	0	0
下来	37	15（41%）	22（59%）
下去	35	15（43%）	20（57%）
进来	9	7（78%）	2（22%）
进去	11	8（73%）	3（27%）
出来	92	50（54%）	42（46%）
出去	15	5（33%）	10（67%）
回来	23	17（74%）	6（26%）
回去	13	9（69%）	4（31%）
过来	16	6（38%）	10（62%）
过去	18	12（67%）	6（33%）
起来	56	17（30%）	39（70%）
开来	6	1（17%）	5（83%）
开去	1	1（100%）	0

“A 被 $BVR_{趋}$”式中趋向补语如果是双音节的，则核心动词的音节数并没有明显的趋势。从表中的数据来看，有的是单音节动词比较多，有的是双音节动词比较多。

4. “A 被 $BVR_{趋}$”式中 V 和趋向动词在音节方面存在对应性（以动词为视角）：当动词为单音节动词时，趋向补语可以为单音节，也可以为双（多）音节；但是当动词为双音节时，趋向补语大部分为双音节，而几乎不能为单音节。其原因可能跟汉语的韵律搭配有关：“单音节 + 单音节”“单音节 + 双音节”都可以成立，可“双音节 + 单音节”就不合韵律了。

动词和趋向补语在音节上的这种搭配关系，除了在被字句中有规律性之外，在其他句式如把字句和主动宾句中是否也有体现，限于时间，本书不做展开。

第五节 “A被BVO”句式

5.1 使用历史

“A被BVO”式是指V后带宾语的被字句。王力（1980）认为被动式动词是不带宾语的，随着材料的增多和研究的深入，他一定程度上改变了这一看法。从被动句的发展来看，实际上，于字句、见字句、为字句动词带宾语的现象，可以上溯到两汉、战国乃至西周。被字句作为被动句的集大成者，在这方面更有长足的发展。唐钰明（1988）认为，被字句带宾语的现象在六朝以前尚少，而唐代以后则堪称普遍，可以说是被字句进入唐代以后的重大发展。他按照这类宾语语义的差异，把它分为三类：

（一）并列性宾语

这种宾语与主语是并列关系，所谓有并列关系，实际上是指A与O是双宾句中的两个宾语。例如：

（1）莫看江总老，犹被赏时鱼。（《杜甫诗·复愁》十二首之十二）

（2）我出家被他问著佛法，便即杜口无言。（《镇州临济慧照禅诗语录》）

（二）隶属性宾语

这种宾语或者是主语所领有，或者是主语的一部分。例如：

（3）道遇贼，隆以身卫全都尉，遂死于难；青亦被矢贯咽，音声嘶喝。（《后汉书·张酺传》）

（4）马被刺脚。（《齐民要术·养牛马驴骡》）

（5）一连换了十位先生，倒被他打跑了九个。（《儿女英雄传》第十八回）

（三）复指性宾语

这种宾语是主语的复指，又可以分为代词性复指宾语和名词性复指宾语。前者例如：

（6）昔有李子敖，身长三寸二分，带甲头年在于野田之中，被鸣鹤吞之，犹在

鹤嗉中游戏。(《敦煌变文集·搜神记·行孝第一》)

(7) 若是下人出来著衣，更胜阿郎。奈何缘被人识得伊？(《祖堂集》卷八)

后者例如：

(8) 杨奉言侯成盗其马，被侯成杀了杨奉。(《三国志平话》)

(9) 这厮夜来赤条条地睡在灵官殿里，被我拿了这厮。(《水浒》第十四回)

名词性复指宾语主要见于话本，而且盛行于宋元，因为这种用法近于赘语，所以后来逐渐少见。现代汉语中，“A 被 BVO”式使用的频率也较高，是被字句中很重要也很有特点的一种格式，受到了众多学者的关注。随着被字句的不断发展，O 的语义类型也愈加丰富多样了。

现代汉语中，“A 被 BVO”式从句法构成上来说，也可以分为基式和扩展式。例如：

(10) 苹果被他吃了一个。

(11) 我的衣服又被钉子挂了一个大口子。

(12) 得屋听出了母亲的声音，但他被母亲的狡猾和敷衍激起了义愤。(池莉《你是一条河》)

(13) 劳模的小侄子一下被骂哑了嘴巴，再找不出一个比这“劳模”更解恨更恶狠的“对仗”骂词来，只好大哭着跑回家去。(孙春平《乡间选举的乐子》)

(14) 辣辣并没有被母爱遮住眼光，她的评价基本是正确的。(池莉《你是一条河》)

上述例 (10) 为“A 被 BVO”式的基式，V 与 O 之间有动态助词“了”，例 (11) 为带状式，例 (12) 为带补式，例 (13)、例 (14) 为带状带补式。刘月华 (2001) 认为，动词后带宾语，宾语前往往有补语，她的观点是正确的。

我们从 769 例被字句中找到了 300 例“A 被 BVO”式，所占比例为 39%。根据宾语的句法语义特点，我们把它们分为以下类别：双宾语、使成性宾语、谓词性宾语、隶属性宾语、附着性宾语。

5.2 双宾语

双宾语指A与O实际上是谓语动词的两个宾语，一个是直接宾语，一个是间接宾语，唐钰明（1988）把它们称为并列宾语。在被字句中，可以以间接宾语为主语，直接宾语为保留宾语，也可以反之（李临定，1980）。例如：

（1）他被授予“劳动模范”的称号。

（2）那支笔被他送给了小张。

（3）万一他的妙计漏出一点马脚，被奸细报给郝摇旗，郝就不会来自投罗网了。（李临定1980用例）

例（1）“他”是间接宾语做主语，“劳动模范”的称号是直接宾语为被字句的保留宾语。例（2）、例（3）正好相反，直接宾语为主语，间接宾语为保留宾语。

双宾语句式的一个重要特点是带宾动词一般含有“给予”义（邢福义，1991），这一点在被字句中也不例外，当O为双宾语中的一个，V都含有“给予”义。我们把具有“给予”义的动词又分了三个下位意义：给予、剥夺、处罚，分别称之为$V_{给}$、$V_{夺}$、$V_{罚}$。我们在语料库中找到的300例“A被BVO”式中，$V_{给}$句18例，$V_{夺}$句14例，$V_{罚}$句19例。三类加起来51例，在全部300例中占17%。

先来看$V_{给}$句。

（4）他勤奋工作，助人为乐，去年12月光荣地出席了总队“四优”表彰大会，并被授予“战士标兵”称号。

（5）这次比赛，仲裁委员会被授予较大的权力，仲裁委员会可以视临场情况作出自己的判断和决定。

（6）……酒被赋予神奇的社会功能，成了粘贴社会"网络"的万能胶，有酒开路，难办的事办成了，难说的话通天了。

在18例$V_{给}$句中，动词的情况如下：授予（11）、安、打、调任、赋予、给予、获、加以、蒙。其中“授予”是出现次数最多的。

接下来看$V_{夺}$句。

（7）他们还被取消了县党代会代表的资格。

（8）福建省副省长陆东明道德败坏，错误严重，被撤销党内外一切职务。

（9）一装卸工长期旷工被开除公职：市五金公司汽车队装卸工赵××，两年来无故旷工 158 天，最近被开除公职。

14 例 $V_{夺}$句中，动词的情况如下：取消（6）、撤销（2）、解除（2）、开除（2）、免予（2）、减[①]。其中，“取消”的出现次数是最多的。

最后是 $V_{罚}$句。

（10）今年年初，谭素英被判处有期徒刑十四年。

（11）一起贩运面额 30 万元伪造人民币的重大案件，4 月 5 日由北京市中级人民法院做出第一审判决，主犯马玉民被判处无期徒刑，剥夺政治权利终身，其他同案犯高柏桐和明知是伪造的国家货币却大量使用的贺春龙、袁久奎被分别判处有期徒刑。

（12）团员小嵇因一时疏忽，造成生产事故，被罚了两个月奖金。

19 例 $V_{罚}$句，动词出现的情况如下：判处（9）、罚（4）、处（2）、亮（2）、判（2）、决定。其中，“判处”出现的频率是最高的，其次是“罚”。

5.3　使成性宾语

使成性宾语表示动作使主语产生的变化和结果，从语形上说，其谓语由“V 为 / 作 / 成”等构成。这类被字句在语料中也大量存在。例如：

（1）这一历史性的飞跃被西方通讯社称为“惊人的一跃”“东方的奇迹”。（徐江善《中国高教之虞》）

（2）韩起祥在这一年被推选为政协全国委员，陕西文艺界同时还有西安城里的李建。（贾平凹《艺术家韩起祥》）

（3）母亲年年被评为“先进”，也年年住在车库改成的 10 平方米的简易房里。（伊始《天地良心》）

---

① 只 14 例被字句，动词却出现 15 个，因为有的例句中包含 2 个（或更多）被字句 9。

(4) 都说物以稀为贵，而她却被看做是异类，是叛逆，是多余。(梁衡《乱世中的美神》)

(5) 那条裙子被她改成了旗袍。(朱琳 2001 用例)

(6) 鲁迅的小说被翻译成许多国家的文字。(刘月华 2001 用例)

(7) 我参加革命几十年，却被当做反革命几十年，翻来复去也没离开“敌人”的圈儿，我一直弄不明白为什么。(冯骥才《一百个人的十年》)

带使成性宾语的被字句按其意义类型可以分为使动和意动，使动是以客观事实作为逻辑基础，而意动是以主观看法作为逻辑基础。如上例（5)、例（6）为使动，其余各例则是意动。意动句谓语一般由“看成”“选为”“认为是”等带宾语构成。例（7）被字结构的宾语后带了表时间的数量词语，从句法上看，被字结构是做了主语，时量词语做了谓语。

我们分析了语料库中的使成性宾语被字句的谓语构成情况，将其分为“V 作、V 成、V 为”三类。

先看“V 作”类。

(8) 显然，教育已不能再被看作社会福利事业，而应被认作是一本万利的生产力投资，是对未来的投资。

(9) 土耳其由于它地理位置具有重大战略意义，历来被帝国主义列强当作控制和占领的目标。

我们共找到 9 例“V 作”类被字句，其中“V 作”情况如下：当作（4)、看作（3)、挪作、认作、视作。其中，“当作”出现频率最高，“看作”其次。

第二类是“V 成”类。

(10) 十年动乱中，她被打成“特务”，受尽折磨，无人过问，却有许多学生找上门来，问寒问暖，关怀备至。

(11) 主将宁春红与我国两名国际特级大师之一的安艳凤对阵时，双方苦战近七个小时，宁春红巧计周旋，安艳凤百思莫解，终被逼成和棋。

(12) 天顺二年，石亨获罪下狱，被问成死罪，一月后瘐死狱中，其家亦被抄。

我们共找到8例“V成”类被字句，其中“V成”情况如下：打成（4）、逼成、变成、冲刷成、问成。其中，“打成”比例最高。

“V为”类是比例最高的，一共184例，其动词的情况也最为复杂。我们先来看“双音节V+为”的例子，一共有31例。其中的双音节V包括：命名（10）、任命（3）、提升（3）、诊断（3）、批准（2）、推选（2）、合称、接受、录用、提拔、推崇、推举、吸收、宣布、选举、尊称。例如：

（13）去年，全省先后有1.7万多个班组被命名为达标班组。

（14）于是在当地医院求治，被诊断为“慢性气管炎”“支气管内膜结核”等疾病，后又被诊断为肺癌。

（15）冈萨雷斯是近年西班牙足坛涌现出的一位优秀球员，被推崇为"真正完美的中场球员"。

“单音节V+为”的例子，一共153例，其中的单音节V包括：评（77）、誉（20）、称（18）、列（7）、树（5）、定（4）、视（4）、选（4）、认（2）、传（2）、划（2）、作（2）、贬、奉、化、聘、任、推、赞。可见，“单音节V+为”的例子远高于“双音节V+为”的例子，特别是“评为”“誉为”和“称为”。例如：

（16）西马垓村党支部连续4年被地区评为先进党支部，村庄被省里、国家民委评为文明村庄。

（17）赵陵铺乡生产的腐竹被评为部级优质产品，畅销全国。

（18）但他的名字在神州大地家喻户晓，他的精神被称为雷锋精神。

（19）电子计算机和机器人的出现，被人们誉为又一次工业革命。

从统计的数量来看，我们语料库中一共找到201例使成性宾语被字句，在769例被字句中占26%，这一比例是很高的。李珊（1990）将这一类被字句称为“后起的被动词带宾语”，她统计了《红楼梦》前80回所有的动词后带宾语的被字句，但是并没有发现“动+为+宾”类被字句，所以她评论道“《红楼梦》是早期的现代汉语，但所反映的被字句动词带宾语的情况是相当完备的，已基本上展现出现代汉语‘被’字句动词带宾的面貌。但有一种被动动词带宾语，在《红楼梦》中尚未见到，在现代书面语中却广为使用。这就是‘V+为+O’式”。她还认为“‘V+为+O’是近几十年才发展出来的，从构造和使用频率上看，其发展之快是相当惊人的”。

李珊（1990）所说的现象从我们的统计数据中得到印证。在201个“V+为+O”句中，“评为”句有77个，占到38%。我们从社会语言学的角度来分析这个问题：语言是思维的工具，语言的发展总是受到社会环境的发展影响，使成性被字句的快速发展以及类型的集中，都反映了当代社会的面貌：这是个评价型的社会，有各式各样的评价体系和评价标准，评价的目的在于奖励先进，刺激后进，可见评价的根源在于竞争。所以，我们所处的时代是个评价型的竞争时代，这可能是“V+为+O”式快速发展的根本原因。

5.4 谓词性宾语

谓词性宾语指的是被字句动词后的宾语具有谓词性，或是小句，或是谓词。我们从语料库中找到了28例谓词性宾语，其中大部分宾语是小句的形式。例如：

（1）“美国之音”记者贺朴勤因违犯中国有关规定和戒严令，受到公安部门严肃批评，并被令在7月11日24时前离开中国。

（2）日前，被省有关部门确认已建成农村电气化县。

（3）有些酒徒们嗜酒如命，碰到三、五友人聚会，更是闹得不可开交，妻子儿女劝说几句，往往被认为“当着朋友拆台”，轻则大声怒斥，重则拳脚相加。

（4）另外，阿根廷队也被允许可用另一守门员替换脚伤的蓬皮多。

也有部分宾语是简单动词。例如：

（5）昨日本栏登载的《夫妻打架弄出人命》中，造成女方死亡的陈伟麒（昨误为陈伟旗），已于昨天被广州市郊区人民检察院批准逮捕。

（6）从此，斯大林遗体从红场的陵墓中被搬出去烧掉，他的著作被停止出售，他在全苏各地的塑像被推倒。

例（5）被字句的宾语是“逮捕”，例（6）被字句的宾语是“出售”，都是动词。

我们找到的28例谓词性宾语被字句中，动词的情况如下：认为（6）、批准

(2)、安排、查、称为、发现、令、判、批判、确认、认定、授权、停止、通知、诬陷、宣布、邀请、要求、用来、允许、责令、指控、指责。

5.5　隶属性宾语

隶属性宾语被字句从句法构成上来说，也可以分为基本式和扩展式。所谓基本式是指，“A 被 BVO”式在能成活前提下的最简表达；而扩展式则附加上了定语、状语和补语等成分。在进行语言学的理论分析时，我们常采用基本式。在真实语料中，我们看到的常常是扩展式。对于隶属性宾语被字句来说，区分基本式和扩展式的意义在于：受句法、语义、语用等因素的影响，O 的位移在基本式中可以实现，而在扩展式中却常常不能实现，因为扩展的形式给 O 的位移制造了更多障碍。

5.5.1　O 的位移

“A 被 BVO”式是指 V 后带宾语的被字句。动词后宾语的语义类型多种多样，而隶属性宾语是其中很有特点的一个类别，如下：

(1) 桌子被锯掉了一个角。

(2) 他被警察没收了执照。

(3) 五个苹果被他吃掉了三个。

(4) 张三被杀了父亲。

当 O 为隶属性宾语时，它与 A 都具有隶属性的关系。从形式上可以规约为“A 的 O”，如“桌子的一个角”“他的执照”“五个苹果中的三个”和“张三的父亲”，因此在句子中 O 也可以位移到主语的位置，构成“A 的 O 被 BV”结构。

(1’) 桌子的一个角被锯掉了。

(2’) 他的驾照被警察没收了。

(3’) 五个苹果中的三个被吃掉了。

(4’) 张三的父亲被杀了。

形式上虽然都是“A 的 O”，语义上还是可以细分，上述四例分别代表了四种类型。我们在下文中将具体分析。

带隶属性宾语的被字句的位移现象，很多学者都提到过。如王还（1984）、李临定（1986）等。我们将进一步分析这一现象的成因，即这些宾语为什么能进行位移，以及位移中存在哪些制约。

O 的位移，使被字句从“A 被 BVO”式变为“A 的 O 被 BV”式。它们作为被字句的两种下位句型，其语义表达存在差异，即关注的对象，前者是 A，后者是“A 的 O”。比如：

（1）桌子被锯掉了一个角。——（1’）桌子的一个角被锯掉了。

例（1）关注的是“桌子”作为整体的被处理情况，例（1’）关注的则是作为部分的“桌子的一个角”。

例（4）是学者们常常分析的，能更清晰地看出这种差异：

（4）张三被杀了父亲。

（4’）张三的父亲被杀。

其中例（4）关注的是“张三”，表达“张三”受害的情况，而例（4’）关注的是“张三的父亲”，表达的是“张三的父亲”受害了。实际上上例“张三被杀了父亲”作为句子其成活度是不高的，它需要后续小句来支撑，其来源应该是刘白羽《无敌三勇士》中的“你给地主害死爹，我给地主害死娘”。王还（1984）比较了这个例子和转换后的“你的爹给地主害死，我的娘给地主害死”，认为前一例是说“你”和“我”遭遇了哪些不幸的事，后一例是说“你的爹”和“我的娘”遭遇了什么不幸的事。由此得出结论：被字句的主语所代表的人或事物是要说明的事情的承受者。由此可见，“A被BVO”式与“A的O被BV”式，在表达的侧重点上是不同的。

5.5.2 A 与 O 的【整体－部分】关系

从历时角度来看，被字句带宾语是被字句发展的结果，并不是被字句刚出现时就有的。唐钰明（1988）认为，被字句带宾语的现象在六朝以前尚少，而唐代以后则堪称普遍，可以说是被字句进入唐代以后的重大发展。那这一句式形成的原因是什么，从语义上看，又具有什么特点呢？

我们观察到，隶属性宾语被字句成活的语义要素在于，主语与宾语之间存在广义的【整体－部分】的关系，这是制约这一句式的内部动因。

关于【整体－部分】的关系，Winston&Chaffin（1987）认为可以分为实体－部件、集体－成员、物质－局部、原料－实体、地区－地方、活动－特征等6种类型。我们也利用这一分类法，将在隶属性宾语被字句中存在的主宾关系分为四类：

第一，实体－部件的关系：

（5）他被人剪掉了辫子。（他（人）——辫子）

（6）房子被炸掉了一个角。（房子——一个角）

第二，领有关系：

（7）他被警察没收了执照。（他（财产）——执照）

（8）他被抄了家。（他（财产）——家产）

（9）姚志宏被没收个人全部财产。（姚志宏（财产）——财产）

（10）他被撤销总统职务。（他（身份地位）——总统职务）

“人”既是生物的存在，也是社会的存在。作为自然生物，“人”有身体，手、脚、辫子都是他的组成部分。作为社会成员，“人”有身份、地位，有财产，这些也都是他的附属物。这一区分，前者就构成实体与部件的关系，后者就构成领有关系。

第三，集体－（部分）成员关系：

（11）十个先生被他打跑了九个。（十个先生——九个）

（12）五个苹果被他吃掉了三个。（五个苹果——三个）

说话人将“十个先生”“五个苹果”看成一个集体，其中的九个或者三个则是其中的部分成员。可见，如果宾语由数量结构构成，与A的关系一般就是集体－（部分）成员关系。

第四，亲戚关系比较特别，说话人是把家庭看成了一个整体，“他”与“父亲”都是这个整体的一个部分。再看下面的例子：

（13）他被人抢走了老婆。（他（家庭）——老婆）

（13'）*他被人抢走了好朋友。

“老婆”是家庭的一部分，而“好朋友”很难纳入家庭这个整体，所以上例可以成立，而下例不行。

可见，不论是实体与部件关系、领有关系、集体与成员关系、还是亲属关系，都可以统一归纳为【整体－部分】关系，即把主语看成是一个整体，而宾语则是这个整体的一部分。主语与宾语的【整体－部分】关系，也要求主语作为整体是可分的，如果不可分，隶属性宾语被字句也不能成立。如“分”作为最小货币单位无法再分，所以下例不能成立。

(14) 那一块钱被他花了五毛。

(14’) * 那一分钱被他花了半分。

正因为A与O之间具有【整体－部分】关系，我们可以据此推论：如果部分受到某种处置（多为损害），其结果势必影响整体。这就是隶属性被字句成立的语义合理性，也即其产生和发展的动因。董秀芳（2009）指出，汉语在句法上可以通过部分来描写整体或整体的变化，表示部分或整体的词都可以占据比较突显的句法位置，如“那把椅子折了一条腿”“这棵树，叶子大”等，这一结论是非常有价值的。

隶属性被字句中A与O具有【整体－部分】关系，这也要求构成谓语的动词结构具有“剥夺/损害”义，而“给予”义动词是排斥隶属性宾语的。我们看朱琳（2001）的例子：

(15) 他被授予荣誉称号。

(16) 那些没有生命的东西，在童话中被赋予生命。

(17) 罪犯被判处死刑。

“授予”“赋予”“判处”从语义上来说，都具有“给予”的特点。既然宾语O是被给予的，那它当然就不是主语A本身所有的，不是A的一部分。所以这些宾语并非隶属性宾语，而是双宾语，反映在语形上，位移是不能实现的：“* 他的荣誉称号被授予”“* 那些没有生命的东西的生命，在童话中被授予”“ * 罪犯的死刑被判处”。相反，具有“剥夺/损害”义的动词可以带隶属性宾语，位移也就可以实现。如：

(18) 老李被免去了职务。

(18') 老李的职务被免去了。

(19) 她被剪去了辫子。

(19') 她的辫子被剪去了。

"免"和"剪"都是一种剥夺，因此其宾语是主语本来具有的，该结构可以位移为"A 的 O 被 V"。

5.5.3 位移的制约

A 与 O 具有【整体 – 部分】关系，这是被字句由"A 的 O 被 BV"式发展出"A 被 BVO"式的动因。而一个句式结构一旦形成，随着时间的流逝，必然完善它作为句式的成分要求。这时，如果反过来看"A 被 BVO"式是否能位移为"A 的 O 被 BV"式，就会发现，位移回去反而是不自由的、受限制的。

首先，制约体现在语法结构上。在隶属性宾语被字句中，如果 A 是如下例这样的定中结构，位移可能会改变句子的意思，甚至导致句子不成立。例如：

(20) 刚买的自行车就被他扎破了后带。

(20') ？刚买的自行车的后带就被他扎破了。(歧义结构：自行车是刚买的、自行车的后带是刚买的)

例 (20) 成立，例 (20') 不太能说的原因主要跟"刚买"的语义指向有关，在"刚买的自行车"中，意思是"自行车是刚买的"；而"刚买的自行车的后带"是歧义结构，"刚买"可以指向"自行车"，也可以指向"后带"。这一句子用了被字句来表示"损失"和"不如意"，还用了副词"就"来强化这种"不如意"，那更符合人们常识的情况当然是"自行车是刚买的，被扎破了后带很可惜"。而例 (20') 表达的情况就不太符合人们的常识，所以可接受度比较低。

如果谓语结构带状语，也涉及语义指向的问题。下面是王振来 (2006) 的用例：

(21) 他只被打破了头。

(21') * 他的头只被打破。

(22) 他只被打破一次头。

(22') 他的头只被打破一次。

表示范围的副词“只”做状语时，语义只朝后指向其后的名词或数量词，如例（21）中“只”的语义指向动词宾语“头”。这时，如果宾语“头”向前位移，“只”就无所指，其功能不能实现，导致句法上的不成立。例（22）中，“只”不再指向“头”，而是指向数量词“一次”，这时“头”的位移不影响“只”的功能实现，因此，句子可以存活。

其次，能否位移还受制于被字句的信息结构。上文说到，O 的位移在“A 被 BVO”句式的基本式中可以实现，而在扩展式中却常常不能实现，这往往是受篇章衔接的制约的结果。根据 Dowty（1991），跟句中的其他名词成分相比，主语跟上文和常识的联系最为直接。如果隶属性宾语是新信息和焦点信息，则倾向于放在句子的最后，主语由上文出现过的、具有已知性的名词成分承担。例如：

（23）把土地一分到各家各户，土地仿佛一下子被人揪住了耳朵，它再也没法耍懒了。（刘庆邦《到城里去》）

（24）经过每个游戏机房，肖元元总要停一停脚步，所以他天天都是火急火燎地去上课，经常被值班的老师记下名字。（李肇正《初中生肖元元》）

（25）她问得小声小气，像是被谁掐住了脖子，脖子变得像电话筒子一样细。（刘庆邦《到城里去》）

（26）一只蝉鸟仿佛被我的唾液打惊了翅膀，“哧溜”一声，嘶声哑气地叫唤着，飞走了。（徐迅《阳光照得最多的地方》）

例（23）中被字句以间接受事“土地”为主语，因为“土地”在上文出现过，为旧信息，所以被字句顺接上文，以“土地”作为话题进行说明，其直接受事“耳朵”作为新信息自然也就放在了被字句的最后，“土地”承上启下，在紧接的下一句中用代词“它”来指代。例（24）中，主语从“肖元元”至代词“他”至零形式 Ø，存在信息递减的趋势，“名字”作为新信息，出现在最后。例（25）中被字句的 A 承前省略，O“脖子”则具有启下的作用。例（26）A“一只蝉鸟”是后几个分句的话题，后几个小句都承前省略了主语，所以被字句只便于采用“A 被 BVO”式。

第三，“A 被 BVO”式还有一种特殊的情况，即 VO 为固定结构。这时位移不能实现。例如：

(27) 他被胜利冲昏了头脑。

(27’) ？他的头脑被胜利冲昏了。

(28) 他被人家抓住了把柄。

(28’) ？他的把柄被人家抓住了。

“冲昏头脑”“抓住把柄”都是固定结构，稳固程度很高，所以如果宾语移位，可接受度不高。下面是两个真实语料：

(29) 但是绝大部分人是出于一片赤诚之心，结果被揪住了辫子，划为右派。(季羡林《我的心是一面镜子》)

(30) 有的人到了二十年之后才被摘掉帽子，然而老夫耄矣。(季羡林《我的心是一面镜子》)

这里“揪住辫子”“摘掉帽子”都是有比喻意义的，在这里“辫子”比喻“把柄”，“帽子”比喻“罪名或坏名义”，都是不适合位移的。

(31) 而玩烟壶的人若不知道周乐元的名字就像书家不知王羲之，简直要被人笑掉大牙。(邓友梅《烟壶》)

(32) 他被人打掉了一颗大牙。

例 (31)“笑掉大牙”是固定结构。“掉牙”指向的是“被”的宾语“人”，而不是主语“玩烟壶的人”。例 (32) 不同，“掉牙”指向的是“他”，不是“被”的宾语“人”。另外，“笑掉大牙”是比喻意义，而“打掉大牙”则是真实情景的描述。

综上所述，从历时看，被字句是从“A 的 O 被 BV”式变为“A 被 BVO”式的，其发展的动因在于 A 与 O 之间具有【整体－部分】关系，因为如果部分受到某种处置（多为损害），其结果势必影响整体。可见，新的句式是符合被字句的句式语义要求的。如果反过来，看“A 被 BVO”式是否能复位为“A 的 O 被 BV”式，就会发现，位移回去反而是不自由的、受限制的。其限制包括：1. 修饰性成分（定语、状语）的语义指向也影响着位移能否实现；2. 受语言信息传递的规律制约，主语常是已知的、背景的信息，宾语常是新出现的、焦点；3. 如果VO为固定结构，移位也不能成立。

我们在“语料库在线”中一共找到了17例隶属性被字句，数量并不多。其中有3例是实体－部件关系（例（33）、例（34）），有12例是集体－成员关系（例（35）、例（36）），有2例是固定搭配（例（37）、例（38））。如下：

（33）十余分钟后，一名家住山西北路的妇女，遭一男子袭击，并被咬伤眼睑。

（34）到一九三二年一月正式动工，结果这颗海上明珠被炸了顶，一部分变成沿江西路路面，余下一部分到解放后，才逐步建成海珠花园。

（35）他们懂业务，会经营，善交际，两年来，他们为家庭工业提供二千二百多条信息，被采纳一千多条。

（36）保卫干部被调走一半，新提拔的保卫科长，又是一位既不懂保卫业务，又没有文物知识的司机。

（37）纪要被扣上了“否定大好形势”“对领导的攻击、诬蔑”“目的是否定实践是检验真理的唯一标准”“思想上属于两个‘凡是’，实质是反对三中全会”等一系列大帽子。

（38）浑水摸鱼的人最怕水清见底，被人看出自己的马脚。

5.6 附着性宾语

上述隶属性宾语是指O隶属于A，附着性宾语则是指O附着于A，即A是O所在的处所，这时，A由处所词充当。例如：

（1）箱子里被他塞满了乱七八糟的东西。

（2）雪地上被他踩出了两排脚印。

（3）她的额头上被烙上“囚”字。

（4）天安门城楼被朝霞涂上了一层红色。（刘月华2001用例）

—— 天安门城楼上被朝霞涂上了一层红色。

上述四例，A都表示O所依附的处所。对于“A被BVO”式来说，只要A属于处所词，则O为附着性宾语，这可以说是判断附着性宾语的一个形式标志。处所词A可以带方位标“上”“里”等，如例（1）、例（2）、例（3）；也可以不带方位标，这时，可以根据语境补充出方位标，如例（4）“天安门城楼”后可以补出方位标记“上”。正如上文所指出的，相比较而言，不带方位标的处所主语“受事”性质显得强一些，因为从某种意义上说，这类处所可以从整体上被看作一种事物，而作为动作的接受者出现（见本章 1.1.2 小节）。

刘月华（2001）把下面的这几个例子归入宾语“表示动作使主语产生的变化、结果”一类，和我们上文讨论过的使成性宾语归为一类，我们觉得不妥当：

（5）我的衣服被钉子挂了一个大口子。

（6）他的头被撞了一个包。

从语义上来说，这两个宾语的确是表示结果和变化，不过刘文把它们和“鲁迅的小说被翻译成许多国家的文字”归入一类，就显得类别不明晰。实际上上两例主语都可以加上方位标，应该归入附着性宾语。

（5’）我的衣服上被钉子挂了一个大口子。

（6’）他的头上被撞了一个包。

我们“语料库在线”的 769 个被字句中，只发现了 3 例附着性宾语。

（7）由于用力过猛，万经理的手指被划了一道很深的口子，鲜血直流，而他全然不顾，终于将大火扑灭。

（8）两艘科威特油轮，在上有直升机、后有军舰保护的情况之下，其中 40 万吨的"布里奇顿"号还是被水下的一声巨响炸了个大窟窿。

（9）天亮时分，当参加抢救的女社员王美英、钱金囡各自拖着疲惫的身躯回到家时，她们都大吃一惊：自己家的屋顶瓦片也被掀出了个大窟窿。

第六节 “A 被 BVP_1VP_2”式

6.1 句法构成

本章开头我们说过，“A 被 BVP_1VP_2”式在被字句的五类基本格式中是句法包容性最强的一类，它可以包容前四类格式。例如：

（1）他经常被父母打骂。

（2）再问师傅怎么没来延安，韩起祥说师傅死了，师傅在横山遇到过刘志丹，他把红军的标语藏在三弦里，被民团发现枪毙了。（贾平凹《艺术家韩起祥》）

（3）她在地上被踢来踢去。

（4）他被当作小偷抓了起来。

上述例（1）VP_1VP_2 为光杆动词，例（2）VP_1VP_2 后带动态助词“了”，例（3）VP_1VP_2 后带趋向补语，例（4）VP_1 后带宾语。

6.2 语义结构类型

“A 被 BVP_1VP_2”式是指谓语由 VP_1、VP_2 等两个或多个动词短语构成的被字句，即“A 被 B + VP_1 + VP_2 +……”，表示式中以两个动词短语为代表，我们在论述中则不限于两个。詹卫东（1997）按照“被 BVP_1VP_2”短语的组合方式和内部的结构关系，把它分为两大类五小类，如下（注：他把“被 B”短语表述为 PP）：

（1）被老王 /PP 拦住 /VP 抓个正着 /VP

（2）被警察 /PP 扣了车 /VP 罚了款 /VP

（3）被工人们 /PP 搬了 /VP 出去 /VP

（4）被老师 /PP 批评 /VP 写了检查 /VP

（5）被爸爸 /PP 打 /VP 被妈妈骂 /VP

前三例结构层次是按 a 式：[PP[VP_1VP_2]] 组合；后两例结构层次是按 b 式：[[PP VP_1] VP_2] 组合。同样是按 a 式组合，例（1）VP_1 跟 VP_2 之间是顺承关系；例（2）VP_1 跟 VP_2 之间是并列关系；例（3）VP_1 跟 VP_2 之间是述补关系。同样是按 b 式组合，例（4）内部是顺承关系，例（5）内部是并列关系。詹文的概括采用了形式化的表述方法，非常清晰。我们这部分主要讨论例（1）、例（2）、例（4）这样的结构，因为例（3）属于“A 被 $BVR_{趋}$”式，前文已经谈过，例（5）属于被字结构的联合，不是被字句的内部问题，这里也不谈。

从句法角度来看，VP_1 与 VP_2 的关系除了詹文提到的并列关系和顺承关系以外，还有兼语关系。例如：

(6) 那棵树被爸爸叫人砍掉了。

上例“人”为兼语，属于 a 式。再看下例：

(7) 1141 年，也就是李清照 58 岁这一年，岳飞被秦桧下狱害死。（梁衡《乱世中的美神》）

该例介词短语“被秦桧”只修饰 VP_2“害死”，VP_1 从语义上来看，是做了 VP_2 的状语。

我们按照“被 BVP_1VP_2”结构层次的不同，把“被 BVP_1VP_2”短语分为：[被 B [VP_1VP_2]] 式和 [[被 BVP_1][VP_2]] 式，前者 [VP_1VP_2] 先结合，然后跟“被 B”结合；后者 [被 BVP_1] 先结合，然后跟 VP_2 结合。我们分这两种情况来看。

6.2.1　[被 B[VP_1VP_2]] 式

有的“被 B”在语义上指向所有的 VP，这时，VP_1 和 VP_2 之间可能是并列关系，也可能是顺承关系。例如：

(1) 她不屈不挠地喊，又被不屈不挠地踢过来，踢过去，又踢过来，踢过去。（陈世旭《波湖谣——四季》）

(2) 老问题再一次被折腾出来，被狠批狠斗，受审受讯，又经过一场疾风暴雨式的斗争。（冯骥才《一百个人的十年》）

(3) 有人偷偷告诉他，他的诗被检举揭发了，他先是一怔，后来还潇洒、幽默地说：“今后我的诗不愁皇帝看不到了。”（余秋雨《苏东坡突围》）

(4) 韩起祥被拉上街游斗。（贾平凹《艺术家韩起祥》）

上 4 例中“被”管辖所有的 VP，其中例（1）、例（2）、例（3）几个 VP 之间是并列关系。两者的区别是，例（1）的几个 VP 共用一个状语“不屈不挠地”，而例（2）两个 VP 分别受状语“狠”修饰。例（4）两个 VP 之间是顺承关系。

我们在语料库中找到 55 例 [被 B [VP_1VP_2]] 式，其中，并列关系 33 例，顺承关系 9 例，偏正关系 13 例。

我们先看并列关系：

(5) 罪犯张银富原来是个惯窃，现已被收容审查。

(6) 据黎巴嫩电台广播，从五日上午九点开始，在贝鲁特以东的阿莱山区的基督教民兵和德鲁兹民兵之间发生了新的武装冲突，漫无目标的炮击迅速扩大到贝鲁特市区，有几十人被打死打伤，不少建筑物起火。

(7) 各类儿童用品过去因小而被挤掉或减产，这种情况正在扭转改变。

(8) 由于农产品收购资金被大量挤占和挪用，秋季粮棉收购资金发生缺口，打白条现象比较普遍。

(9) 今天，甘肃省物价委员会副主任王运天被开除党籍、撤销行政职务……

例 (5)“收容”“审查”是并列关系，例 (6)“打死”“打伤”是并列关系。这两例并列结构之间是直接衔接的。而例 (7)、例 (8)、例 (9) 并列结构之间加上了显性的衔接标记，例 (7)“挤掉”“减产”之间用了“或”，例 (8)“挤占”“挪用”之间用了“和”，例 (9)“开除党籍”“撤销行政职务”之间用了顿号。

[VP_1VP_2] 为顺承关系的例如：

(10) 可是不几天 3 只蛋全被黄娇凤弄破吃掉。

(11) 周予同几次被揪到山东曲阜批斗，致成瘫痪，至今卧床不起。

(12) 我爸不服，就被抓去挂黑牌打锣游村，头上这些疤，就是那时留下的。

[VP_1 VP_2] 为偏正关系的例如：

(13) 1988 年初，何力以突出业绩被破格提拔，当上了分管个体、集贸和私营企业征管工作的副局长。

(14) 他带领战士押运弹药，被暴徒开枪杀害。

(15) 某厂一位青年机修工，技术全面，曾在全行业操作比赛中获奖，外厂有难题都来请他去帮忙，但在本厂却被作为一般劳动力使用。

例 (13)“破格”做“提拔”的方式，例 (14)“开枪”是“杀害”的方式，例 (15)“作为一般劳动力”是“使用”的方式。三例的 VP_1 VP_2 之间都是状中关系。

从语义指向来说，[VP_1VP_2] 为并列或顺承关系时，“被 B”既指向 VP_1，也指向 VP_2，[VP_1VP_2] 为偏正关系时，“被 B”只指向 VP_2。

6.2.2 [[被 BVP_1][VP_2]] 式

[[被 BVP_1][VP_2]] 式中，“被 B”先与 VP_1 结合，之后“被 BVP_1”结构整体与 VP_2 结合，“被 B”只指向 VP_1。例如：

(1) 半个月前，洋婆儿被调到场广播站当广播员，几天后就把行李都搬去了场部。(陈世旭《波湖谣——四季》)

(2) 这团常有人被借调出国，但他们并非担任主演，而是去做“武行”，这团的演员武功好，善翻打，跟头翻得漂亮。(铁凝《逃跑》)

(3) 他随着那一批退伍兵被国家有关部门安排到一处新开发的油田当石油工人去了。(刘庆邦《到城里去》)

(4) 韩起祥每一次被领导接见回来，心情就烦躁……（贾平凹《艺术家韩起祥》）

上面 4 例中“被 B”只管辖前一个 VP，比如例（1），“被 B”管辖“调到场广播站”，不管辖“当广播员”。此时，“被 B”先与 VP_1 结合，构成“被 B + VP_1”短语，然后该短语与 VP_2 结合，构成连动结构。

我们从语料库中找到 [[被 BVP_1][VP_2]] 式 35 例，按照 [被 B VP_1] 和 VP_2 的语义关系可以分为四类：顺承关系、并列关系、因果关系、偏正（状中）关系。其中顺承关系 17 例，并列关系 2 例，因果关系 8 例，偏正（状中）关系 8 例。

我们先看顺承关系：

(5) 一年的秋假，我被母亲送到老家陪奶奶。

(6) 1968 年从上海插队到东北后，被招工当上了管道工人。

(7) 有的连队的 " 小木匠 "，今天被这个干部找去做桌椅，明天被那个干部找去修门窗。

例（7）其实是由兼语句转换而来，“小木匠”本是句子中的兼语，移至被字句中做了主语。

并列关系如下：

(8) 装备优良的胆怯者，将被消灭或逃之夭夭；勇敢者虽然武器装备较差，也会得到弥补并战胜敌人。

(9) 株洲电子研究所因跑进流通领域，曾被立为经济要案受到审查。

例 (8)“被消灭”和“逃之夭夭”之间是并列关系，例 (9)“被立为经济要案”和“受到审查”是并列关系。并列关系只有 2 例，出现频率很低。

因果关系如下：

(10) 球迷在离开球场时无法找回自己的雨伞，因为它们被堆在一起无法辨认。

(11) 这次事件前后延续十天，造成全县九十三名干部、群众，其中包括彭湃烈士的五名亲属惨遭杀害，许多人被毒打致伤残。

(12) 建站物资无法卸运，人员都被困在船上不能登岛。

例 (10)“被堆在一起”是因，“无法辨认”是果，例 (11)“被毒打”是因，“致伤残”是果，例 (12)“被困在船上”是因，“不能登岛”是果。

偏正关系如下：

(13) ……六个缫丝厂的青年工人，被一队士兵捆绑着来到广场中央，当众行刑，……

(14) 原来，几乎所有的相对较高的队员都被定位在三号位作快攻、拦网和跑动掩护了。

(15) 随着这场讨论的深入，六千六百多名专业户代表被选拔担任了基层领导干部。

偏正关系在这里表现为状中关系，例 (13)“被一队士兵捆绑着”是状语，“来到广场中央”是中心语。例 (14)“被定位在三号”是状语，“作快攻、拦网和跑动掩护”是中心语。例 (15)“被选拔”是状语，“担任基层领导干部”是中心语。

从语料库数据来看，[被 B[VP_1VP_2]] 式 55 例，[[被 BVP_1][VP_2]] 式 35 例，“A 被 BVP_1VP_2”式被字句共 90 例。

第七节　小结

本章主要讨论了被字句成分 A 与 B 的句法语义特点，以及被字句五种基本格式的句法语义特点。这些格式包括：“A 被 BV”式、“A 被 BV 了 / 着 / 过”式、“A 被 BVR”式、“A 被 BVO”式、“A 被 BVP_1VP_2”式等五类。

(一) A 与 B 的句法语义特点

1. 从 A 的性质上说，它可以是名词、代词、动词、形容词、名词短语、动词短语等。从 B 的句法性质上说，它可以由名词、代词、名词短语等来充当。不过，A 与 B 的句法功能都是指称性的。

2. A 与 B 的语义角色看似复杂，其实具有统一性，即 A 可以统一概括为“被认定的受影响者”，B 为“被认定的责任者”，或称为广义的施事和受事。

(二) 五种格式的句法语义特点

1. 从句法构成上看，这五式都包括基式和扩展式。

2. “A 被 BV”式是被字句中的最简式，其运用要具备句法或语义上的种种条件，不过，它出现的频率并不低，达到 21%。可见，其运用虽不自由，但使用要求并不高。

3. “A 被 BV 了”式的句式意义是表示“完全影响”，其功能是定性；“A 被 BV 着”式的句式意义是表示某种受动状态的持续；“A 被 BV 过”式的句式意义是表示某种受动的状态曾经出现过。

4. “A 被 BVR”式中的补语可以分为结果补语、趋向补语、情态补语、时地补语、数量补语等五种语义类型，其功能在于从不同的角度来描述 A 的受影响状态。

5. “A 被 BVO”式中的宾语可以分为：双宾语、使成性宾语、谓词性宾语、隶属性宾语、附着性宾语等五种语义类型。宾语不同导致被字句在句法表现上也有差异。

6. 按照“被 BVP_1VP_2”结构层次的不同，“A 被 BVP_1VP_2”式可以分为：[被 B[VP_1VP_2]] 式和 [[被 BVP_1][VP_2]] 式，前者“被 B”可以指向 VP_1，也可以指向 VP_2，VP_1 和 VP_2 之间具有并列关系、顺承关系或偏正关系。后者“被 B”只指向 VP1，按照 [被 BVP_1] 和 VP_2 的语义关系可以分为四类：顺承关系、并列关系、因果关系、偏正（状中）关系。

7. 被字句的句式意义可以概括为：说话人主观认定一个对象受到了某种动作行为的影响，并叙述了该对象受影响的状态。

8. 我们用图表展示被字句各下位句式的数量及比例，如下：

	下位句式	数量	所占比例
1	A 被 BV	159	21%
2	A 被 BV 了 / 着 / 过	33	4%
3	A 被 BVR	187	24%
4	A 被 BVO	300	39%
5	A 被 BVP_1VP_2	90	12%
总计		769	100%

可见，按照数量从多到少排列如下："A 被 BVO" 式 > "A 被 BVR" 式 > "A 被 BV" 式 > "A 被 BVP_1VP_2" 式 > "A 被 BV 了 / 着 / 过" 式。这个结果跟我们的预想很不一样，比如，我们认为 "A 被 BVR" 式应该是被字句的基本句型，比例应该是最高的，而实际上该句式只占五分之一。而 "A 被 BVO" 式却占 39%，其中使成类的宾语（"被评为" 类）最多，这可能跟评价性的社会体系有关。另外，众所周知，被字句的动词一般不以光杆形式出现，可在实际语料中，"A 被 BV" 式排第三，占 21%，可见这一句式出现的频率并不低，这足以说明，该句式的使用条件并不像想象的那么高。

9. 各句式的下位类型的数量及比例：

"A 被 BV" 句式：

	下位类型	数量	比例
1	A 被 B 所 V	14	9%
2	A 被 BV（单音节动词）	6	4%
3	报纸新闻标题	14	9%
4	其他	125	78%
总计		159	100%

"A 被 BV 了 / 着 / 过" 句式：

	下位类型	数量	比例
1	A 被 BV 了	28	85%
2	A 被 BV 着	3	9%
3	A 被 BV 过	2	6%
总计		33	100%

“A 被 BVR”句式：

	下位类型	数量	比例
1	结果补语	61	33%
2	趋向补语	36	19%
3	情态补语	14	7%
4	时地补语	59	32%
5	数量补语	17	9%
总计		187	100%

“A 被 BVO”句式：

	下位类型	数量	比例
1	双宾语	51	17%
2	使成性宾语	201	67%
3	谓词性宾语	28	9%
4	隶属性宾语	17	6%
5	附着性宾语	3	1%
总计		300	100%

“A 被 BVP_1VP_2”句式：

	下位类型	数量	比例
1	A[被 B[VP_1VP_2]]	55	61%
2	A[[被 BVP_1]VP_2]	35	39%
总计		90	100%

通过本章的分析，我们对被字句各类基本格式的句法构成和句式意义有了一个总体上的勾勒，下一章我们将重点讨论被字句的成分隐现状况及其制约规律。

第三章　被字句的成分隐现及其制约因素

第一节　省略与隐含

被字句的成分隐现，包括成分出现和成分消隐。成分出现与成分消隐是从语形的角度来区分的，成分出现是指某成分在语形上出现，即具有语音（口语）或文字形式（书面语）；反之，成分消隐是指某成分在语形上不出现，即不具有语音或文字形式。所谓成分消隐，又包括成分省略与成分隐含。

1.1　关于省略

关于省略（ellipsis），吕叔湘（1979）指出，省略是有条件的：第一，如果一句话离开上下文或者说话的环境意思就不清楚，必须添补一定的词语意思才清楚；第二，经过添补的话是实际上可以有的，并且添补的词语只有一种可能。由省略的条件可知：省略具有省略成分的确定性和省略成分添补后结构的合法性特征（张国宪，1993）。

所谓省略，主要有四种（施关淦，1999）：

1. 承前省。是说在上文已经提供了某种信息，所以在本句中就把表示这种信息的词语给省去了。

2. 蒙后省。是说在下文已经提供了某种信息，所以在本句中就把表示这种信息的词语给省去了。

3. 对话省。在两个人对话的情况下，不是“你”，就是“我”，不会搞错，所以往往把它们省去。

4. 自述省。在讲自己的事情的时候，“我”常常被省去，不致误会。

我们认为承前省、蒙后省、对话省和自述省并不是一个层面的分类。严格说来，承前省、蒙后省是省略的方式，对话省和自述省是省略句出现的文体，是省略的特殊形式，因此，人们在研究省略问题时，也常常只涉及承前省和蒙后省。

省略总是离不开语境的，它是人们用语言来表情达意的过程中出现的一种语用现象。需要指出的是，省略只是省略了某些词语的形式，而并没有把语境提供的有关信息也给省略掉。只有这样，人们才能根据语境提供的有关信息，把那些被省略掉的词语给补出来。如果语境压根儿就没有提供某种信息，而说话人 / 写作者却把表示这种信息的词语给丢掉了，这样，就会造成句子成分残缺等语病，影响思想、感情或信息的传递。

1.2 关于隐含

关于隐含（implication），吕叔湘（1979）也有一段说明："'你一言，我一语'，可以在'一言'和'一语'前边添补'说'或者'来'，但不能限定是'说'或者是'来'，并且实际上都不能这么说，我们就只能说这里隐含着一个'说'或者'来'，不能说省略了一个'说'或'来'，至多只能说省略了一个动词。同样，在'他要求参加'和'他要求放他走'里边，可以说'参加'前边隐含着'他'，'放'前边隐含着'别人'，但是不能说省略了'他'和'别人'，因为实际上这两个词不可能出现。"据此，张国宪（1993）指出，所谓的"隐含"，就是不能添补但在语义上暗含着某个词语，或者可以添补但添补的词语不止一种可能的语言现象。可见，如果说省略主要是语用学的范畴的话，隐含则主要涉及句法和语义层面。

关于省略和隐含的区别，张文进一步指出，省略和隐含都具有省略成分的确定性和省略成分添补后结构的合法性特征，但是，省略要求两个特征共现，而对隐含而言，这两个特征是互补关系，即或具备隐含成分的确定性，或具备隐含成分补回后结构的合法性，二者只居其一。实际上，隐含存在既不具有隐含成分的确定性，又不具有结构合法性的情况。比如吕叔湘先生举的例子"你一言，我一语"，就既不具有添补成分的明确性（说？来？），又不具有添补后结构的合法性。

1.3 三个世界的语法观

句法成分的隐现问题有很多人做过专门研究，但专门对被字句的成分隐现进行研究的，还不多见。研究被字句的成分隐现有一定的意义，比如：1）被字句成分的消隐对被字句组形与意义表达有什么影响？2）被字句在什么情况下可以省略成分，在什么情况下不能省略成分，这中间的规律，受什么因素的制约？本章拟对这些问题进行讨论。

被字句中，包含A、B、被和VP四个可能消隐的成分，对于它们的隐现规律，我们从句子语息表达的角度进行切入。选择这种角度，是出于我们对“三个世界”语法研究，尤其是其中前人工作做得较少的传息语法研究的学术追求（萧国政，2001）。

“三个世界”的语法研究，主张语法研究应从组形、释义、传息三个方面来进行，语法这三个方面的规律就构成了语法的“三个世界”，这三个世界是各自独立却又相互联系的。

句子的语形、语义、语息都制约着句子的理解与表达，如以句子的成活而言，萧国政（2001）指出，句子的语形结构、语义结构与语息结构三个方面都成活，一个句子才能成活，这是组形、语义、语息相互独立的一个证据；不过，作为语言动态结构的语息结构，又可以跨越语素、词、短语、句子等多个语法平面而重新组构。这种多层面的跨越性，本身就既能说明语息结构的独立性，又能表明语息结构保持着对次低层面的制约性这样一种更高层面的性质。这种制约性，来源于人们使用语言的最根本与最直接的目的，即传达与理解信息。

被字句的成分隐现，是被字句的组形问题，但这种构形受句子的语息表达的制约。因此本书想以此来说明语息表达对句子语形结构与语义结构的制约性，从而说明语法的传息世界具有相对独立的价值。

下面分别来讨论这四个成分的消隐情况及其制约规律。需要说明的是，省略某成分的位置，我们用符号 [ ] 来表示；隐含某成分的位置，用符号 { } 来表示。

第二节　A的隐现

在篇章的上下文中，汉语的主语可以出现，也可以不出现，被字句的主语A也存在出现和消隐两种情况。因为被字句主要是用来表示一个受事者受到某种动作行为的影响而有所改变（刘月华，2001），所以受事者A大都具有确定性①和句法上的合格性，区别只是A有时出现，有时受语境的作用而被省略。因此，当A不出现时，A只能是被省略，而不能是被隐含。值得说明的是，这一结论是立足于现代汉语共时平面来说的，被字句在历时发展过程中，产生过不能补出主语A的句子，例如：

(1) 被杨行密拿了庞师古。(《五代史平话》)

(2) 被我咬断绳索，到得这里。(《水浒》第六十五回)

(3) 白虎精闻语，心生愤怒。被猴行者化一团大石，在肚内渐渐会大。(《大唐三藏取经诗话》)

(4) 却被刘鄩将五千军在河曲田地里藏伏了，四面鼓噪，围了晋王数重。(《五代史平话·唐史》)

(5) 不料被二奶奶撞见了红玉。(吕文华1988用例)

王力（1980）认为这种被字句脱离了被动式的正常结构甚至脱离了被动的意义而单纯地表示不幸，在后代这种结构逐渐被淘汰了，这也证明了语法是逐步趋向完善的。李珊（1994）也认为这种被字句宜视为没有主语的无主句。下面我们具体分析在语境中A出现、省略和必现的情况。

2.1　A的出现

2.1.1　A首次出现

A可能在文章中首次出现，也可能非首次出现。就所见语料来看，A大多数是上文出现过的，即是已知的、确定的，但也有些A在文中是首次出现的，为新信息。

① 受事A不一定都是定指的，例如："前面有个人被车撞了"。

首先来看A首次出现的情况，例如：

（1）我没出生之前，我爹整天紧锁眉头，眉心拧成一个深深的川字，看啥啥不顺眼，见了人就像见了债主，我娘是他最大的仇人，我姐是他的眼中钉，家里被他闹得像旧社会似的。（戴雁军《乡村事件》）

（2）所有的喜气都被潘家贤的这一哭冲散了。（同上）

（3）生活被我搅得多么混乱啊！（莫怀戚《假手神明》）

（4）七十年代初由于国内一件重大政治事件的发生，九月十三日这个很平常的日子便一下子被我们记住了。（戴雁军《乡村事件》）

上4例A上文都没有出现过，在文中是新信息，其中例（1）、例（2）、例（3）的A都带有总括上文的性质，例（4）A的出现也并不突兀，因为有上文原因的交代。

还有些A上文没有出现过，不过，这时它们通常都跟上文的某个NP有密切的语义联系。例如：

（5）李红霞说完这些忽然感到自己心里慌慌的特别难受，心脏像是被啥东西撞了一下，颤颤的，越跳越快，一会儿就跳到了嗓子眼儿。（戴雁军《乡村事件》）

（6）老头儿这狡猾的一笑让我想起一个人，记忆的闸门一下子被撞开了。（同上）

（7）中年男子的一个不起眼的黑塑料袋中，被歹徒搜出了可能有两万块钱。（须一瓜《淡绿色的月亮》）

（8）破了张爷痴迷的是造反团。他们那个“上山下乡知识青年造反司令部”在省城被取缔了，又杀回来革命。（陈世旭《波湖谣——四季》）

例（5）、例（6）中的A都是文中首次出现的，但是它们都跟上文的某个名代词或名词短语具有领属关系。其中，例（5）“心脏”是指“李红霞的心脏”，例（6）“记忆的闸门”是“我记忆的闸门”。例（7）、例（8）中A的领属关系在文中显现出来了，例（7）“中年男子”在上文中出现过，“一个不起眼的黑塑料袋”却是文中首次出现的；例（8）“他们”指“造反团”，上文出现过，而“上山下乡知识青年造反司令部”却是首次出现的新信息。例（5）、例（6）实际上是被字句A的定语省略现象，下文2.2.3节将进行分析。

2.1.2 A 非首次出现

A 有可能在上文出现过，为旧信息，这在语料中占大多数。

1. 从与 A 等同的成分在上文中的句法性质来说，可能是上文句子的主语、宾语，或其他句法成分。例如：

（1）李红霞抓住杨得泉手的时候那只手已经冰凉梆硬，李红霞像被烫着似的倏地缩回手，……（戴雁军《乡村事件》）

（2）桥北点的号，都是中心几个最好的盲人按摩师，每次，他给芥子点的都是 93 号。93 号被人一牵进来，桥北就说，失眠，她最近失眠很厉害。（须一瓜《淡绿色的月亮》）

（3）车一停下，韩起祥就下了车，端端往前走，竟准确地在离狗一米远的地方站住。狗被雨淋得毛全粘在身上，盯着他，呼哧呼哧喘。（贾平凹《艺术家韩起祥》）

例（1）的 A“李红霞”等同于上句话中的主语，例（2）A“93 号”等同于上句话中的宾语，例（3）A“狗”等同于上句话中状语的一部分。

2. 从与 A 等同的成分在上文中出现的位置来看，可以分为几种情况，即可能是在上一小句中出现的，也可能是在上一句话中出现的，还有可能是在上几句话或几个段落之前出现的。例如：

（4）潘家贤就像猫追老鼠一样追着我爹不放，我爹被缠不过，最后终于同意我去七道河中心小学继续读书，……（戴雁军《乡村事件》）

（5）结果他们同时看见了，路面偏右的地方有一块突出来的石头，那石头的顶部像笋尖一样，是它充当了杀手的角色。那石头已经被血染红了。（迟子建《一匹马两个人》）

（6）一个黄昏，老宋被亲戚领到团长面前。（铁凝《逃跑》）

例（4）的“我爹”，在上一小句中出现。例（5）中的“那石头”是在上一句话中出现的。例（6）的“老宋”则是在上两个段落中出现的。因为 A 在语形上出现了，在信息上就是自足的，所以 A 与上文中出现过的相同信息的距离比较灵活，可以相距很近也可以很远。

因为A在上文出现过，所以，在接续的被字句中再次出现时，可能是以名词或名词词组的形式出现，也可能是以代词的形式出现。前者如上三例，后者例如：

(7) 这天结束之后，潘家贤就被拉到县上去了，他像一捆棉花那样被人扔进了吉普车，……（戴雁军《乡村事件》）

(8) 韩起祥在西安就待不下了，他被调进了北京，定为行政九级的干部。（贾平凹《艺术家韩起祥》）

可见，当A出现时，它与上文等同信息之间的距离比较自由，而该信息的句法位置也比较灵活。相比较而言，当A承前省略时，受到的限制就多得多。

2.2 A的省略

上文提到，汉语主语最易省略，一般所说的省略，主要有四种情况：承前省、蒙后省、对话省和自述省（施关淦，1999）。当A不出现时，一般都是承前省略。

2.2.1 承前省略

A的承前省又可分为承接上文的主语和承接上文的其他成分。承接上文主语的，例如：

(1) 我刚出楼门，[ ]被高压水枪射出一束水柱砸了个满脸花，脚下一滑便坐地上了。（王朔《永失我爱》）

(2) 操场就是先前的麦场，[ ]被一片桑林包围着。（陈世旭《波湖谣——四季》）

(3) 有一回她娘没躲掉，[ ]被我堵在屋里，……（戴雁军《乡村事件》）

其中，例（1）省略的A为代词，例（2）为名词，例（3）为名词短语。

A还可以承接上文的其他成分而省略，例如：

(4) 这段时间最倒霉的是杨石头，[ ]经常无缘无故地被他娘臭揍一顿。（戴雁军《乡村事件》）

(5) 第二天早上我到紫竹院找衣服时，[ ]已不知被哪个小人抱走了。（王朔《一半是火焰，一半是海水》）

(6) 在我长大的二十多年里，[ ]老是被人教导着。（池莉《让梦穿越你的心》）

例（4）A 承接上文的“杨石头”，它是上一小句中的宾语；例（5）A 承接上文的“衣服”，它是该被字句状语成分中的宾语；例（6）A 承接上文的“我”，它是该被字句状语成分中的主语。

当 A 承接上文的其他成分时，为了使表达的语义更加明确和通畅，A 省略的情况不多见。从我们对北大语料库中王朔 a、王蒙、池莉三个作家电子文本作品的语料统计调查看，A 承前省略的被字句一共 69 句，承接主语省略有 62 个，占 89.9%；承接其他成分省略的有 7 个，约占 10.1%。

从被省略成分在前面小句中出现的位置与这个被字句的距离来看，A 的承前省略又可以分为两种情况：可能是承上一小句中的某个 NP 省略，也可能是承接前面好几个小句中的某个 NP 省略。例如：

（7）方方试图跟陈伟玲聊聊，[ ] 被她噎得直背气。（王朔《一半是火焰，一半是海水》）

（8）经过每个游戏机房，肖元元总要停一停脚步，所以他天天都是火急火燎地去上课，[ ] 经常被值班的老师记下名字。（李肇正《初中生肖元元》）

（9）贵子在黑暗中惊惶失措，一跤跌在剥莲子的木盆里，[ ] 被插在木墩上的莲刀砍开了眉骨。（池莉《你是一条河》）

（10）虽然她在工作中仍不免有小差错，飞海口忘带供应品，渴了众乘客一路；早上起晚了，慌慌张张出差没施妆，[ ] 被总局检查组扣了几分；但她终归还是个有缺点的好乘务员。（王朔《空中小姐》）

例（7）、例（8）是 A 承上一小句中的 NP 省略，其中例（8）的各小句主语是从名词到代词，然后省略，存在逐层消退的情况，即“肖元元→他→[ ]”。这是语言经济原则的一种体现。例（9）中被字句的 A 是承接上文“贵子”省略，中间隔了一个小句；例（10）中的 A 则是承接上文“她”省略，中间隔了四个小句。

从我们对北大语料库中王朔 a、王蒙、池莉三个作家电子文本作品的语料统计调查看，后一种即承接前面好几个小句中的某个 NP 省略的情况较少出现。具体来说，承前省略的被字句一共 69 句，承前一个小句省的有 51 句，约占 73.9%，承前好几个小句省的有 18 句，约占 26.1%。这一统计数据说明，当 A 承前省略时，前面小句与被字句在语篇中的距离，以前后相继的为多，中间隔离几个小句的较少，这主要是受信息的保持距离规律的制约，因为如果承前省略的成分距离被字句过远，就会造成人们对这个成分所表达信息的记忆困难。认知心理学为考察同一个语言形式出现的间隔距离与人的记忆效率的关系，已做过许多试验，验证了这一点。

2.2.2 蒙后省略

A 也可能是蒙后省略。例如：

(1) [ ] 被脚下的石头绊了一下，我清醒了过来，看到前边已是机关的大门了。(邓友梅《在悬崖上》)

(2) 他向那桌人走去。[ ] 犹如被一根线扯着，我们几个也跟了过去。(王朔《动物凶猛》)

(3) 中午吃饭的时候，由于 [ ] 怕被我爸爸看见，我不能去食堂，于北蓓也不便在食堂公然露面。(王朔《动物凶猛》)

—/— ? 中午吃饭的时候，由于我和于北蓓怕被我爸爸看见，我不能去食堂，于北蓓也不便在食堂公然露面。

(4) [ ] 被朱熹的学问和声望所吸引，当时岳麓书院已云集学者千余人，朱熹开讲的时候，每次都到“生徒云集，坐不能容”的地步。(余秋雨《千年庭院》)

—/— * 学者们被朱熹的学问和声望所吸引，当时岳麓书院已云集学者千余人，……

上 4 例 A 的省略情况，从句子内部的连接来看，都是蒙后省略。例 (1) 蒙后省略的 A 是“我”；例 (2) 蒙后省略的 A 是“我们”；例 (3) 蒙后省略的 A 是“我”和“于北蓓”，它们分别在后两个小句中出现；例 (4) 蒙后省略的 A 是“学者”。其中，例 (1)、例 (2) A 可以从后面还原到前面，而例 (3)、例 (4) 受句法和语义的影响，A 不能提前。

汉语中，主语承前省略是常态，蒙后省略是异态，背后一定有规律在制约。首先，上述四例从整句的表述内容来看，被字句都是表因部分，而不是句子的表述主体。可见，A 都在表述内容的附属部分省略，在主体部分出现。表述主体结构完备，附属部分成分省略，这也是语言追求信息完备而表达经济的一种方式。其次，例(3)、例（4）采用蒙后省略的方式，还受句法语义的强制性影响。其中例（3）中表原因的被字句为其后两个表结果小句所共用，这两个小句的主语因此不便一起提前，否则语义不通；而例（4）由于省略的 A 在其后小句中做宾语，也不便前置。

A 蒙后省略大多都是蒙后主语省略，也有特殊情况，如上例（4）。而且，被字句与省略成分所在的小句一般都是紧接着，中间不会隔着小句。

A 的蒙后省略与承前省略相比，从出现的频率看，要远远低于后者。根据我们对上面提到的语料的统计调查，省略A的被字句一共有71句，其中承前省的有69句，占 97.2%，蒙后省的只有 2 句，占 2.8%。这一统计数据说明了 A 的省略方式受语息传递因素的制约。因为从语篇的角度看，话题一般居于语篇前面句子的句首部分，后面是围绕着话题来进行说明，而省略也通常是语篇衔接的一种手段，尤其是承前省略，这主要是为了避免信息重复。

2.2.3 部分省略

上文说到，A 可以是一个名词或代词，也可以是一个定心结构的名词短语，这时，A 由 a、b 两部分组成，a 为修饰成分，b 为被修饰成分。在被字句中，当 a、b 之间是领属关系时，a 经常被省略。这种现象我们可以表述为：A ＝（a）|b，符号“|”表示修饰关系。例如：

（1）周北极仍不说话，[ ]眼泪却也被引出来了，亮闪几下，一滴一滴溅在谢雨脸上。(钟求是《谢雨的大学》)

（2）这个战士是个很强壮的青年人，但一虎难斗群狼，大概又有入党提干诸问题萦绕于心，并没放手还击，只是抵挡，很快[ ]鼻子便被打破了，流出浓稠的血。(王朔《动物凶猛》)

（3）床前背光站着个女人，[ ]长头发被舷窗灌进来的强烈海风吹得拂舞，扰乱了脸部的线条，一双近在咫尺的眼睛闪着晶体的莹光。(王朔《一半是火焰，一半是海水》)

上两例的 a 都是承前省略，例（1）中 A 的完式应该是“周北极的眼泪”，其领有者“周北极”承上一小句的主语省略了；例（2）的 a“这个战士”是承前面第五个小句的主语省略；例（3）中 A 的完式应该是“那个女人的长头发”，但“女人”承上一小句的宾语省略了。

定语 a 还可以蒙后省略，例如：

（4）犹如 [ ] 肚子被撞了一肘，我感到一阵恶心。（王朔《动物凶猛》）

（5）[ ] 师傅被枪毙后，马步云没有南下，独自在无定河边卖艺。（贾平凹《艺术家韩起祥》）

（6）随着 [ ] 纽扣被一个一个解开，谢雨的意志也在走向崩溃。（钟求是《谢雨的大学》）

例（4）A 的完式应该是“我的肚子”，例（5）A 的完式应该是“马步云的师傅”，例（6）A 的完式是“谢雨的纽扣”，不过 a 都蒙后省略了。就承前省略和蒙后省略出现的频率来看，前者要远远高于后者。

A 的部分省略在我们统计的语料对象中一共有 10 例，都出自王朔 a，从 a 与 b 的语义关系来看，定语 a 都是表人的名代词，中心语 b 则都是 a 身体的一部分，分别为：长头发、周身、心、骨节、脚踝处、踝骨、右耳、手、鼻子、肚子。可见，a 与 b 的语义联系相当统一：b 是 a 身体的一部分。这其中可能有作家个人的语言习惯在起作用，但至少有一点可以肯定，即 A 的部分省略并不是任意发生的语言现象，其背后有语义规律在发生作用，即：b 与 a 之间具有比较紧密的语义关系。否则，部分省略不能成立。

2.3 A 的必现

上文把 A 的出现分为首次出现和非首次出现两种情况，当 A 首次出现时，对于听（读）者来说，为新信息，因而是必须出现的，否则就会造成信息的缺失，导致信息传递的失败，上文 2.1.1 中举出了很多 A 首次出现的例子，这些 A 都不能省略。又如：

（1）后脑风池穴，被93号按得令芥子疼出薄汗。（须一瓜《淡绿色的月亮》）

（2）……他想若是把她独自放到窝棚里，万一来了狼或者是熊，没有反抗能力的她不就被这些野兽给吃了么！（迟子建《一匹马两个人》）

（3）不知睡到什么时候，我睡得不太踏实的身体被一样声音唤醒。（叶弥《明月寺》）

上3例A都含有新信息，其中，例（1）A整个都是新信息；例（2）A中的定语“没有反抗能力”为新信息，中心语“她”为旧信息；例（3）A中的中心语“睡得不太踏实的身体”为新信息，定语“我”是旧信息。

当A非首次出现时，A为旧信息，因而可能被省略，但要以不会造成句子成分缺失和句子语义含混为前提。具体来说，包括以下一些方面：

1. 被字句作为单句出现时，A不能省略。例如：

（4）她又一次被涮了？（刘心武《京漂女》）

（5）孙子被爹一吼倒不哭了。（映泉《江洋大盗》）

（6）肖元元终于被同学关注了。（李肇正《初中生肖元元》）

当被字句作为单句在句中出现时，A如果被省略就会造成句子成分的缺失，甚至引起语义的含混不清，因此A一般不省略。

2. A作为启后的话题时，不能省略。例如：

（7）郑瞎子被点了筋，愣住了。（映泉《江洋大盗》）

（8）蓼萝被一种冥冥中的力量推着，信步走到了她结识包包的地方。（徐小斌《天生丽质》）

（9）文革时他被揪来挨斗，一天夜里有人暗算，也是苏大妈帮了他一把。（映泉《江洋大盗》）

上述3例A都是后面小句的话题，整个句子共用主语A，这时，A自然也不能省略。

3. 上述两种情况，被字句的A都是在全句的句首出现，如果被字句不是单句或不是整句的首句时，A必须出现的情况也主要是受制于信息的明晰性原则。例如：

(10) 郭中秋是镇上头号大地主郭大头的儿子，解放前在省里读书，那年郭大头被人放冷枪打了肝，快死了才把这个儿子召回来。(映泉《江洋大盗》)

比较：

(10’) 郭中秋是镇上头号大地主郭大头的儿子，解放前在省里读书，那年 [ ] 被人放冷枪打了肝，快死了才把这个儿子召回来。

上例如果将被字句中的这个“郭大头”省掉，那么“被”前省略的成分就可能被理解为“郭中秋”，从而造成了成分表达的语义含混。

理解了 A 必须出现的因素，A 可以省略的要求自然也比较清楚了，即：A 不能是新信息，并且省略之后不会造成句法成分的缺失和信息表达的含混。

第三节　B 的隐现

众所周知，被字句可以分为 B 出现与 B 不出现两种情况。当把被字句放入上下文语境，从动态的角度来观察时，可以发现，B 出现与不出现两种情况的内部还有一些具体的差异。

上文说到，A 作为被字句表述的着眼点和话题，只有出现和省略两种情况，而 B 因为不是被字句表述的重点，因而其不出现的情况就复杂得多，可以包括省略和隐含。

3.1　B 的出现

当被字句的 B 出现时，B 可能是上文中没有出现过的，即首次出现；也可能是上文中出现过的，即非首次出现。我们从这两个方面来进行观察。

3.1.1　首次出现

B 可能是文中首次出现的。例如：

(1) 高中毕业，因为父亲是“右派”，她考了高分也没有被大学录取。(陈世旭《波湖谣——四季》)

(2) 他梦见一条向他漂来的船被突如其来的风暴掀翻了，他声嘶力竭地哭喊起来，醒了眼角还带着泪痕。(同上)

(3) 一个黄昏，老宋被亲戚领到团长面前。(铁凝《逃跑》)

以上 3 例，B 都是在文中首次出现的，以例 (3) 为例来说，该句是小说全文第三段的首句，而前两段也没有出现“亲戚”这个人。B 在文中首次出现，前面又有标记词“被”，自然有强调的意味。

有些 B 在文中虽然是首次出现的，这时它们通常都跟上文的某个 NP 有密切的语义联系。例如：

(4) 它天长日久地被川流不息的水浸润着，……。(陈世旭《波湖谣——四季》)

(5) 他先是被江对面那些张疯的女人惹得发呆。(同上)

(6) 她跟学校同去的几个人被欢送会的场面搞得热血沸腾，…… (同上)

例 (4) 中 B 的中心语“(江) 水”是上文中出现多次的一个词，但是其定语“川流不息”使得该 B 区别于前面所有的“(江) 水”，“川流不息”也因此成为该被字句的一个语义重心，它的出现更好地说明了“土地”被江水“浸润”的情态，反映了“土地丰饶”的原因。例 (5) 的 B 也是这样，“江对面的女人”是前文已知的，“张疯”一词却是首次出现，它点明“女人”的特点，指出了“他发呆”的原因。例 (4)、例 (5) 都是 B 中的中心语上文出现过，定语为新信息，例 (6) 则相反，B 中定语“欢送会”上文出现过，中心语“场面”却是首次出现。

例 (1)、例 (2)、例 (3) 与例 (4)、例 (5)、例 (6) 的区别在于，前三例 B 全部为新信息，后三例 B 的一部分为新信息。

3.1.2　非首次出现

B 可能是文中非首次出现的，这是指 B 在语义上等同于上文出现过的名词或名词短语。例如：

(1) 团长暗想，这分明是一个干活麻利、不招人讨厌的人——老宋是被亲戚介绍来这团看守传达室的。(铁凝《逃跑》)

(2) 老夏没有再和老宋的亲戚矫情，却也没有被这位亲戚说服。(铁凝《逃跑》)

例（1）的B“亲戚”在上文中多次提到，从语形和语义两方面都和上文完全相同；而例（2）从语形上看B“这位亲戚”与前面的“老宋的亲戚”并不相同，但从语义看，B并没有在上文NP的基础上增添新的语义，两者是等值的。

B因为在上文中出现过，所以在被字句中再次出现时，常以代词形式出现。例如：

（3）牟林森开始端详我，说:“也许真的士别三日当刮目相看了。”

我被他看得有些心乱。（池莉《让梦穿越你的心》）

上例被字句中的B“他”，即指上文的“牟林森”。

3.2 B的省略

当被字句的B不出现时，B可能是在上下文中出现过，因而被省略了，同样包括承前省和蒙后省。

3.2.1 承前省略

B承前省略的，例如：

（1）消息是断黑时传开的，就像久晴之后突然来临的西风暴，所到之处人就像尘土和枯叶一样立刻被[ ]卷起来。（陈世旭《波湖谣——四季》）

（2）亲戚和团长站在楼前聊起天，谁也不去理会老宋的搬菜运动。当他们再次注意到老宋时，白菜已被[ ]搬运一空。（铁凝《逃跑》）

（3）七八名歹徒动作很快，他们洗劫了除协定保护之外的所有乘客。只有一个有一点酒意的乘客，因为配合动作慢，小臂上被[ ]划了一刀。（须一瓜《淡绿色的月亮》）

例（1）、例（2）的B分别是“西风暴”和“老宋”，省略的B都出现于上一小句；例（3）省略的B“歹徒”出现在上一句话的第一个小句。

3.2.2 蒙后省略

B蒙后省略的，例如：

（1）一个月后的夜半三更，辣辣的窗户被[ ]神秘地敲响。头几夜辣辣根本不予理睬，可后来敲窗声非但没灰心而去，反而越来越响。辣辣这才恼火地起了床。

“敲什么敲？窗户都敲坏了！整条街都吵醒了！”

外面的人说：“没办法，你睡得好死。”

辣辣说：“哦，是老李呀。有事吗？”（池莉《你是一条河》）

（2）半开的门忽然被[ ]完全推开了，门口被一个庞然大物堵住：

“没看电影啊。”

是有清憨憨的声音，接着他就不由分说地走进来。（陈世旭《波湖谣——四季》）

（3）她正伸手，想再按一次门铃，忽然门被[ ]迅猛粗暴地打开了，一个年龄跟她相仿的女人，只穿着凌乱的内衣，头发更加凌乱，一只手攥着门把手，一只手叉在腰上，两眼圆睁，恶狠狠地瞪着她。（刘心武《京漂女》）

例（1）被字句的施事B前文没有出现，所以是“神秘地敲响”，在后文中才出现是“老李”。例（2）的B则是逐层浮出水面的，正符合当时情境中人物的认知顺序：先是看到门被推开，然后知道推门的是一个“庞然大物”，之后根据声音知道这个“庞然大物”是“有清”，最后看见“他就不由分说地走进来”。例（3）的施事B“一个年龄跟她相仿的女人”也是蒙后省略。

跟A省略的情况相同，B承前省略的比例要远远高于蒙后省略的比例，根据我们对北大语料库中王朔a、王蒙、池莉三个作家电子文本作品的语料统计调查，B省略的句子一共有80句，其中承前省略的72句，占90%；蒙后省略的8句，占10%。

3.2.3　部分省略

与A的部分省略相同，B也存在部分省略的情况，这种现象我们可以表述为：B＝（a）|b，符号“|”表示修饰关系。例如：

（1）在动物界，为了维护整体的生存，衰老的动物会被[ ]同伴抛弃，有的甚至被吃掉。（曲兰《老年悲歌》）

（2）清晨，我被[ ]一只手推醒，发现湖上游弥着如烟如纱的雾，岸边的草、木椅、我的身上都湿漉漉的，于晶穿着蓝运动衣，气喘吁吁站在我面前。（王朔《浮出海面》）

例（1）B“同伴”的定语“它们的”承前省略了；例（2）B“一只手”的定语“于晶”蒙后省略了。虽然句法上没有问题，从语义上看，“于晶”是不适宜作为定语出现的。因为，“我”在睡眠中“被一只手推醒”，那一瞬间无从辨别“推我”的是谁，之后才发现湖上有雾，继而发现推“我”的人是“于晶”。

3.3 B的隐含

所谓的“隐含”，就是不能添补但在语义上暗含着某个词语，或者可以添补但添补的词语不止一种可能因而不便于添加的语言现象。换句话说，隐含的成分或者具有补回后句法上的不合法性，或者具有不确定性。应该说，这样的一个标准是明确可把握的。下面我们具体来看被字句B的隐含，隐含某成分的位置，我们用符号{ }表示。

3.3.1 补回后结构的不合法

具体到被字句，众所周知，被字句客观上是存在出现B和不出现B这样两种格式的，可表述为：

（一）A被B + VP

（二）A被VP

B不出现时，它补回后结构的合法性似乎不存在问题，不过是由格式（一）变成了格式（二）而已。实际上，有些被字句受格式的限制是不能补出B的，哪怕B在语义上是确定的。吕文华（1988）指出，有两类被字句受句法制约不能出现B：其一，V是与“被”直接结合的单音节动词。例如：

（1）银行学校彩色电视昨晚被{ }盗。（报）

——银行学校彩色电视昨晚被人盗走了。

（2）你爸爸被{ }害，一定也和小林有关系。（张天翼）

——你爸爸被人杀害，一定也和小林有关系。

其二，V后带介词“于”及其宾语时。例如：

（3）他被｛ ｝征服于大城市的灯红酒绿了。

—— 他被大城市的灯红酒绿征服了。

（4）反动派被｛ ｝弃于人民。（毛泽东）

—— 反动派被人民抛弃了。

以上两类句式都是文言句式的遗留，第一类句式“被”与其后的单音节动词有凝固为双音节词的趋势，中间不能插入任何成分；另外，“盗”和“害”在现代汉语中已经不再能够单独使用，只能作为语素与其他成分结合。“被”后如果要出现宾语，则单音节动词前后需要添加成分，进行扩展，如例（1）、例（2）；第二类句式中的施事实际上是出现在介词“于”后，做了介词宾语，该句式也可以去掉“于”，从而转换为一般形式的被字句，如例（3）、例（4）。不过转换后，句子就由文言色彩变为白话色彩，语体色彩发生了变化。

与介词“于”后带施事性宾语结构类似，当“被 V”前后存在其他带施事性成分的结构如“在……”时，B 同样不能出现，这主要是为了避免信息的冗余。例如：

（5）多少人在那场洪水中被吞噬了生命！（莫红霞 2002 用例）

（6）秘书陪着韩起祥一早一晚在院子里做气功降火，看到一夜寒冰将水池冻透了，六条鱼凝固着各种姿势被封在冰里。（贾平凹《艺术家韩起祥》）

（7）紧接着寂静突然降临，麻麻密密的围观者被吸引在陆建设和李浩淼身边。（池莉《你以为你是谁》）

（8）可陆掌珠竟然被卷入已经发展到俗不可耐的连引车卖浆者流都起哄的市井时髦当中去了。（池莉《你以为你是谁》）

“被 V”前后的“在”字介词结构有这个特点，如例（5）、例（6）、例（7），例（8）看上去比较复杂，实际上就是“可陆掌珠竟然被卷入市井时髦当中去了”，其中施事性成分“市井时髦”位于处所补语之中。

3.3.2　语义的不确定

判断 B 为隐含的标准还有非确定性标准，非确定性标准具体说来就是：隐含的成分可以添补出来，但添补的词语不止一种可能。当 B 的语义不确定时，听（读）

者可以根据言内语境和言外语境[①]推知可能出现的B，但不能确定。

B的隐含存在一种情况，即有一些动词，当它们在被字句中充当谓语动词时，施事通常都不出现。但是人们可以根据动词约定俗成的语义来判断隐含B的可能类别，不至于引起语义的不明晰。例如：

(1) 秦岭被称为野生动植物的天然“基因库”，分布的大熊猫、朱鹮、金丝猴、羚羊4种珍稀动物被誉为“四大国宝”。(《人民日报》2003年4月24日)

(2) 当年戏剧艺人被视作“贱民”，不许进内城居住……(邓友梅《烟壶》)

上两例被字句的B是什么，在上下文中均没有指出，但这不影响作者语义的表达和读者的理解，因为听（读）者可以根据“称为”“誉为”“视作”等这类动词结构，判断出B是表泛指的“人”“人们”或“大家”等。语料中这样的动词结构大量存在，还有如“当作”“评为”“选为”“命名为”等。

上面例子隐含的B都是泛指的人，有时候根据VP的语义，我们可以推断出B比较确切的内容。例如：

(3) 这团常有人被借调出国，但他们并非担任主演，而是去做“武行”，这团的演员武功好，善翻打，跟头翻得漂亮。(铁凝《逃跑》)

(4) 老三被判处有期徒刑三年，另两个儿子分别被判处有期徒刑二年和一年。(曲兰《老年悲歌》)

(5) 他被炒了鱿鱼。

例（3）“借调”的意思是“一个单位临时借用另一个单位的工作人员，而不改变其隶属关系。”(《现代汉语词典》(第6版))，因此可知例（3）的B应该是“某一单位”，例（4）根据“判处”我们可以判断出其B应该是“某一级法院”，例（5）“炒鱿鱼”的意思是“解雇”，因此隐含的B应该是“他”隶属的单位。

有时候，虽然上下文的语境给出了B的范围，但B仍然不确指。例如：

---

① 范晓、张豫峰等（2003）把语境分为两大类：一是言外语境，一是言内语境。言外语境指交际的时间、地点、交际者之间的关系以及交际双方共同的文化背景等；言内语境一般指上下文。

（6）每日放学，各个团伙便在胡同里集体斗殴，使用砖头和钢丝锁，有时也用刀子，直到其中一人被打得头破血流便一哄而散。（王朔《动物凶猛》）

（7）六八年王贤良在沔水镇著名的“三一三”武斗事件中被打断左腿，消息传到家里已经是半个月后的事。（池莉《你是一条河》）

（8）在1957年的反右斗争中，海云被揪出来了。（莫红霞2002用例）

（9）一楼书店的大门已被关上，人们都挤在窗户边观看，宜欣打开大门就冲了出去。（池莉《你以为你是谁》）

例（6）中隐含的B在上文中给出了范围，即“各个团伙”，但仍不确指，与A对应，可能是“（其中）另一人”或“别人”，但实际上也不便于添加，因为添加后反而有累赘之感。例（7）和例（8）上文都给出了特定的时间和事件，因此可以判断出，例（7）的B应该是参加“沔水镇著名的‘三一三’武斗事件”的某个或某些人，例（8）的B可能为“某些人”之类。例（9）的A既然是“书店的大门”，读者可以根据常识得知关上书店大门的应该是“书店的店员”。

就出现的频率来说，B隐含要少于B省略的情况，就我们调查的情况看，B消隐的情况一共是123句，其中省略的有80句，占65%；隐含的有43句，占35%。

3.4　B的必现

上文讨论过A的必现主要是受信息传递因素的制约，相对而言，B必现的受制因素就更多一些，包括句法、语义和语息等，下面分别来讨论。

3.4.1　句法制约

“被”字宾语出现与否受被字句格式的制约。吕文华（1988）、李珊（1994）认为，当被字句为“被……给……”“被……所……”“被……把……”、兼语结构、文言遗留下来的非主谓句等特定句式时，或者“被”与V之间有某些副词、介词结构等状语时，“被”字的宾语必须出现。莫红霞（2002）还指出：“被”字结构熟语化比喻化时，“被”字宾语需出现，如“你的良心被狗吃了”。

句法制约只是表象，深层原因还在于句式的语义性质和传息特点。比如，

“被……所……”格式的作用就在于强调“被”的宾语，即 B 为其焦点信息，自然不能省略。

句法的影响归根到底都是受制于语义的制约，当句式在语义上要求 B 为焦点信息时，B 自然不能被省略。

3.4.2 语义制约

“被”的宾语出现与否还受被字句句式语义性质的制约。不少学者讨论过感知动词“看见”等做谓语的被字句中“被”后必须出现宾语的现象。吕文华（1988）只提到这时“被”后宾语不出现会导致句意不顺，莫红霞（2002）进一步指出，这是被字句不如意语义色彩的特殊要求。一些表知觉的中性动词如“知道、看见、听见”等进入被字句中，大都叙述当事人不愿被某个对象“知道、看见、听见”的事。这些动词本身不含“违愿”意，只是某个特定对象参与这一知觉活动是当事人所不愿其发生的，此时，“被”的宾语（即参与知觉活动的特定对象）必须出现，才能与“被”字共同传达出“违愿”之意，符合被字句的语义色彩。莫文观察到了这样一种现象，并对其给予了自己的解释，不过其解释似乎仍不到位：中性动词很多，为什么只有知觉类动词具有必须带 B 的特点？

比较而言，张伯江（2001）对于被字句“强影响性”特性的归纳，可以更好地解释这一现象：“发现、知道”这样的感知类动词所表示的行为并不直接对目标物造成影响，所以，B 的必现就是为了增强动作行为对 A 的强影响性，因为此时，B 的该感知活动对于 A 或者与 A 相关的人来说都具有较大的影响。反之，当 B 的该感知活动对 A 或者与 A 相关的人来说没有影响的话，被字句就不能成立。例如：

（1）他的纸条被老师看见了。

—/— * 他的纸条被房上的猫看见了。（张伯江 2001 用例）

3.4.3 语息制约

1. 从信息传递的角度来看，当 B 在文中首次出现，即为新信息时，B 必须出现，否则会影响信息的传达。上文 3.1.1 小节列举了很多 B 首次出现的例子，这些例子里

B 都必须出现，否则会引起信息的缺失。又如：

(1) 又一个落雨天，韩起祥在庙里说《岳飞传》，三弦紧拨，如一锅的炒豆在蹦，他面前的孩子就越坐越近，越坐越近，仰着的脸被飞溅的唾沫全淋湿了。（贾平凹《艺术家韩起祥》）

(2) 她把香气四溢的咸牛肉锁进箱子里，被老鼠闻见了，半夜里，老鼠把她的箱子啃得咯嘣咯嘣的。（刘庆邦《到城里去》）

上两例 B 在句中第一次出现，是新信息，如果不出现就会导致信息的缺失，引起表达不明确。

2. B 虽然不是新信息，但如果省略导致语义的含混或表达的不清晰时，B 也必须出现。例如：

(3) 今天，芥子又被谢高的故事，搅乱了脑子。（须一瓜《淡绿色的月亮》）

(4) 阿 Q……心里想："我总算被儿子打了，现在的世界真不象样"。（吕文华 1988 用例）

例（3）的 B "谢高的故事"，不是新信息，但不出现会导致表达不清晰；例（4）如果 B 隐去，就会失去作者所要表达的深刻含义，因此两例中 B 都必须出现。

第四节　VP 的消隐

我们在第二章谈到了被字句的几种基本格式，对于 VP 来说，VP 可以是光杆动词 V，可以是 V 了 / 着 / 过，可以是 VR，可以是 VO，还可以是 VP_1VP_2。各种类型 VP 出现的情况上文已经做过分析，这里我们主要讨论 VP 的消隐情况。被字句的常规焦点在句子末尾，因此，VP 常常构成被字句的焦点，所以 VP 消隐的频率要远远低于 A 与 B 的消隐。VP 的消隐也可以分为省略和隐含两种情况。

4.1　VP 的隐含

上文说到，隐含成分或者是具有补回后结构的不合法性，或者是具有语义的不确定性。对于 VP 来说，其隐含只具有补回后结构的不合法性，不存在语义的不确定性问题。VP 的隐含包括 $VR_{情态}$式的隐含和 VP_1VP_2 式的隐含等。

$VR_{情态}$式的隐含是指带情态补语的被字句中情态补语前隐含了成分，该成分与 A 同指（范晓、张豫峰，2003）。例如：

（1）他被人打得 { } 遍体鳞伤。

（2）屋子被他收拾得 { } 井井有条。

例（1）补语前隐含的成分与前文受事"他"同指，例（2）补语前隐含的成分与前文的处所"屋子"同指。

"A 被 BVP_1VP_2"式中的"VP_1VP_2"可能是兼语式、连动式等结构类型。这时，VP_2 前都隐含了某个成分。例如：

（3）他被老师批评 { } 写了检查。

（4）连那个小小池塘，也因为我四岁的时候，失脚跌入的缘故，被祖父叫人 { } 堵塞了。（吕文华 1988 用例）

例（3）VP_2 前隐含了"他"，与前文的受事同指；例（4）VP_1VP_2 为兼语式，VP_2 前省略了施事性成分，该成分与它相邻的成分同指，即为"人"。

VP 的隐含较多受制于被字句的结构，情况比较复杂。限于时间和篇幅，本书不做展开。

4.2 VP 的省略

如果语境可以提供相关信息，被字句的 VP 也是可以省略的。例如：

（1）被谁遗弃？不是被什么人，而是被时间和空间。（余秋雨《乡关何处》）

（2）A：他被什么绊了一下？

B：被门槛。

（3）A：苹果被谁偷吃了一个？

B：被弟弟。

上三例都是问答对话，其中例（1）是自问自答，答句中的 VP 和 A 都省略掉了。例

(1) 中的 VP 是光杆动词，例 (2) 中的 VP 是 VR 式，例 (3) 中 VP 是 VO 式。

值得注意的是，此时，VP 都是作为一个整体被省略的，当被字句 V 后带其他成分时，V 不能单独省略，V 后成分也不能单独省略。因为，V 单独省略句子往往不成立，而 V 后的成分省略掉了的话，往往会导致信息缺失。例如：

(4) 他被人打伤了。

(4') 他被人打了。

(5) 周北极被打中了胸部。(钟求是《谢雨的大学》)

(5') 周北极被打中了。

例 (4') 与例 (4) 相比，缺少了 V 后补语；例 (5') 与例 (5) 相比，缺少了 V 后宾语，因此，前者的信息都不如后者丰富。比较发现，V 后成分的出现与不出现，实际上构成了被字句下位的不同格式。如例 (4) 属于"A 被 BVR"式，例 (4') 属于"A 被 BV 了"式，例 (5) 属于"A 被 BVO"式，例 (5') 属于"A 被 BVR"式。

我们说到，V 后成分的不出现，往往会导致信息缺失，不过，也存在例外情况。例如：

(6) a. 他被人杀死了——b. 他被人杀了

a. 钉子被人拔掉 / 出来了——b. 钉子被人拔了

a. 垃圾被我扔掉了——b. 垃圾被我扔了

这种单音节动词后补语的隐含现象我们在第二章 3.1.5 小节中提到过，上述左右两边的句式在语义和语息上是等值的，差别只在于 a 式凸显结果 / 趋向，而 b 式补语隐含结果 / 趋向补语。可见，a 式可以省略 V 后的补语变为 b 式，而不使信息缺失。这种现象的出现与"A 被 BV 了"句式的完全影响义有关。

4.3　语息表达对 VP 省略的制约

被字句中 A 和 B 与 VP 中的宾语和补语成分的省略相比较，最大的区别在 A 和 B 省略的频率要大得多，而 VP 中的宾语和补语很少省略。其关键的因素在于被字句的焦点表达。

一个句子可看成以问答结构为背景的题述结构。这个句子因此是常常由多个题述结构构成，这个句子也因此是多个焦点不断入句的结构（萧国政，2004）。例如：

(1)(今天老师做什么了——）今天老师发苹果，(发给谁了——）发给我们，(怎么发的呀——）一个人发三个。

——今天老师发给我们一人三个苹果。

被字句亦应作如是观。看下面的话轮结构：

(2) A：老舍的小说《四世同堂》怎么了？

B：被改编了。

A：被谁改编了？

B：被小王改编了。

A：改编成什么了？

B：改编成电视剧了，两部。

最后一个答句还追加了一个信息，是说话人认为还需增加与补充出来的一个新信息，显然又是一个焦点。这个话轮结构可改写成如下句子：

(2’）老舍的小说《四世同堂》被小王改编成了两部电视剧。

因此这个句子包含了“小王”“改编成电视剧”“两部”等几个焦点。相对而言，“老舍的小说《四世同堂》”是一个预设背景的信息，而后面的“小王”“改编成电视剧”“两部”是句子表达的焦点，自然不能轻易省去。动词是一个句子的语义中心，它由于连带了其他几个名词性语义成分，包含的信息量更大。而B与V后的成分相比，一个是先出现的信息，一个是后出现的信息，那么后出现的信息需要新加工，在加工任务上比前者要重，因此后面的成分一般不能省略。实验心理学考察过人们在记忆语篇中位置靠后的句子与位置靠前的句子的差别，发现人们在快速阅读语篇时，往往要将最后一个句子加以重复。这个试验也可解释B可省略，而V后成分不能省略的原因。

第五节　“被”的消隐

本节讨论“被”的消隐问题。作为被字句的字眼标志，“被”是被字句构成的一个必要因素，按说是不能消隐的。不过，在语言的实际运用中，由于上下文语境等因素的影响和语言经济原则的制约，“被”字不一定必然出现，而是可能被省略掉。另外，汉语中也存在没有出现“被”，但可以添加出来的话题句，可以称之为“被”的蕴含现象，我们来看这两种情况。

5.1　“被”的省略

由于上下文的影响，“被”字可能承前省略，例如：

(1) 韩起祥在西安就待不下了，他被调进了北京，定为行政九级的干部。（贾平凹《艺术家韩起祥》）

(2) 杨成方结婚还不到半个月，就被老婆撵走了，撵到县城的工地去了。（刘庆邦《到城里去》）

(3) 十天后我被逮捕，拷上拷子。（冯骥才《一百个人的十年》）

例 (1) 从语义上说“定为”前应该有“被”，不过因为上文谓语动词“调进”前有“被”，所以省略掉了。同样的，例 (2)“撵到”、例 (3)“拷上拷子”前都省略了“被”。

在对称句和排比句中这种省略“被”字的现象也很常见，例如：

(4) 如果不被接纳，你同华总的生活可以心安理得了。如果接纳，在那种情况下，华总也会给予充分的理解了。（莫怀戚《假手神明》）

(5) 愈是有影响还愈容易被雄心勃勃的正在破土而出的后辈视为赶超和破除迷信的对象，视为跳高时必须逾越的标杆，视为对手，视为开始新篇章时必须破除的障碍。（王蒙《我的人生哲学》）

例 (4) 和例 (5) 都是在动词和句子结构都相同相似的情况下，前一个句子有“被”，后一个句子无“被”，其中例 (5) 在排比句的后几个小句中，“被 B”都省略掉了。这应该是语言的经济原则使然，即在不出现语义不明的情况下，省略了“被”，使语言精练，不重复。

5.2 “被”的蕴含

“被”的蕴含是指受事主语句中不出现“被”，但可以添补出“被”的语言现象。蕴含“被”的位置，我们用符号( )来表示。例如：

（1）酒( )他喝了。

（2）衣服( )洗破了。

（3）家具都( )卖了。

上三例都是话题句，含有被动意义。从形式上说，都可以添补出“被”从而变为被字句。这一现象已经不是被字句内部的问题，而是涉及被字句和受事主语句的转换，我们将在第四章专门讨论这一问题。

我们把被字句描述为“A 被（B）+ VP”，这只是对被字句的静态描述和抽象概括，或者说，是一种“理想化”的被字句。而我们在语言交际这样一种动态过程中，被字句因为语流中种种因素的影响，各成分会产生或隐或显的不同表现，显示出交际中的弹性与活力。本章通过对被字句成分 A、B、“被”、VP 的隐现状况的分析，说明被字句成分的隐现不仅是组形的问题，还受到深层的语义表达和信息传递规律的制约；不仅是被字句内部的问题，还受到语篇内和语篇外的多种因素的制约。

具体来说，A 的隐现状况包括 A 的出现与省略，B 的隐现状况包括 B 的出现、省略与隐含。B 的消隐情况比 A 要复杂得多，这说明 B 在被字句中的重要性不如 A 那么强，其原因也与被字句的表述功能有关，即被字句主要用来说明 A 受到某种影响的状况，至于影响来自哪里就不是至关重要的问题了。另外，我们的统计分析表明 A 与 B 隐现的内部存在使用频率的差异，比如承前省略的频率远远高于蒙后省略，这主要是受制于信息的避免重复、便于记忆、明确性等规律的结果。

相比而言，VP 的消隐状况很少出现，这主要是受信息焦点的表达规律的制约。而“被”字因为是被字句的字眼标志，在语言中只是偶有承前省略的现象，至于“被”的蕴含现象，则是我们下一章要重点讨论的问题。

第四章　被字句与话题句的转换

第一节　概述

1.1　研究对象

本章讨论被字句与话题句的转换，所谓话题句是指话题成分位于句首的句子①。话题句在传统的语法研究中被称为受事主语句，龚千炎（1980）指出，一个客体受到某种动作行为的影响，就叫作“受事”，其定义比较宽泛。他把受事在V前的结构方式分为六个类型，包括：

A型：Np + V

B型：Np +受、遭+ V

C型：Np +被+ V

D型：Np +被、叫、让+ Na + V

（附：Np +为、被+ Na +所+ V）

E型：Np +由、归+ Na + V

F型：Np + Na + V

本书所讨论的受事主语句只包含不带被动标记的A型和F型。关于受事，在前文绪论章2.2小节中我们指出，对于没有标记的受事主语句，我们认为不属于被动句，不过有些学者是把它们算作被动句的，因此，在名称上吕文华（1987）称之为“被字句和无标记被动句的变换关系”。

---

①　按照徐烈炯、刘丹青（2007），话题作为一种句法成分，分为主话题，次话题和次次话题，其中只有主话题是位于句首的。本书所说的话题句意义等同于主话题句。

为行文的方便，我们把被字句称为Ⅰ式，下面又包括出现B和不出现B的两个小类，按照前文的约定，描写为“A被B + VP”和“A被+ VP”，按照吕叔湘、朱德熙（1979），我们把前者叫Ⅰ类完全式，把后者叫Ⅰ类简化式；把两类话题句称为Ⅱ式和Ⅲ式，和被字句相对应，把Ⅱ式描写为“AB + VP”，把Ⅲ式描写为“A + VP”。即：

Ⅰ式：A被B + VP（完全式）、A被+ VP（简化式）

Ⅱ式：AB + VP

Ⅲ式：A + VP

为了使研究目标更加明确，我们把转换的内容分为两部分，一是Ⅰ类完全式与Ⅱ式的转换，二是Ⅰ类简化式与Ⅲ式的转换。需要说明的是，本章主要讨论Ⅰ类完全式能否转换为Ⅱ式，Ⅰ类简化式能否转换为Ⅲ式，而不做相反的讨论，即不考察Ⅱ式能否转为Ⅰ类完全式，Ⅲ式能否转为Ⅰ类简化式。另外，我们讨论转换的成立与否，所谓成立，是指转换后的句子可以存活，并且语义基本不变；所谓不成立，是指转换后的句子不能存活，或者虽然存活，但语义发生了根本性的变化。

Ⅰ式与Ⅱ式、Ⅲ式的转换要落实到两类句式中具体句子的转换，因而是个体之间的转换，具有个性；但不同的个体又分别属于不同的类别，具有该类别的共性，因此个体的转换又蕴涵类的性质。现代汉语语法在经历了漫长的发展过程之后，已经具有较强的系统性和稳定性，可以说，现代汉语语法是一个大的系统，其下的每一种句式都是一个小系统，而每一种句式中的具体的成员——句子则是更小的系统。从Ⅰ式到Ⅱ式、Ⅲ式的转换，从表面上看，只是去掉了“被”，但由于“被”的特殊性和重要性，由于句式本身的系统性和稳定性，其有无对句子而言是牵一发而动全身的，因此，其转换问题表面看是一个字眼的有无，实际上则既受句法的制约，还受深刻的语义和语息传达的制约。而且，Ⅰ式与Ⅱ式、Ⅲ式属于不同的句式，具有不同的句法功能和语义特点，蕴涵了深刻的句法差异。以上原因，使得句式的变换问题呈现出种种复杂的面貌。

本章的研究我们依然采用了数据分析法，我们利用“语料库在线”中的“现代汉语语料库”，查找了被字句，查找的方式是“被 /P”，意思是包含介词“被”的句子，共找到被字句 13477 条。限于时间和精力，我们分析了前 1000 个例句。剔除掉非被字句（如做定语的被字结构等）之后，共有 759 个被字句。我们把这些例句中的“被”去掉，看能不能转换成相应的话题句，并对其原因进行了分析。

1.2　判断标准

句子能否存活的标准说来似乎很明确，实际上有很多问题值得讨论，比如：就判断的对象——句子来说，有些句子作为独立的单句不能说，在一定的语境（如问答句）中又可以存活；就不同的判断者而言，受其所属的地域、社团和方言等的影响，他们对语言的感知也具有细微的差异，所以，对同一句子，可能有些人可以接受，有些人则不能接受。鉴于此，我们在进行判断时，采取的方式是，对于作为单句能够存活的不予说明，对于有条件才能存活的句子则给予说明；在标准的把握上，采用“内省—查证式”，即在内省的基础上，还要观察语料库中的例子，以大多数情况为标准，以求判断的客观性。

语义基本不变的标准也具有弹性。因为每一种句式都有特定的意义和功能，从一种句式转换为另一种句式，则其意义和功能必将发生或多或少的改变，不可能绝对等值。我们所说的语义和语息基本不变，是指转换后的句子与转换前的句子相比，各成分之间的语义关系没有发生改变。简言之，对于具有弹性的语言，我们希望判断的标准也具有一定的弹性。

判断标准不同必然导致结论的不同，这在不同学者的文章中有所反映。比如，王静（1996）认为，在施事受事均出现的无标记被动句中有一个位置级差，以句首是受事为强式，此时句子（在满足语义搭配的条件下）独立，以句首是施事为弱式，此时句子粘着。因此，她认为下列句子符合位置强式，是成立的：

（1）张三李四骂了。（受事主语句）

（2）张三李四撞了。（受事主语句）

而王惠（1992）认为在 A、B 均为有生的被字句里，“被”字都是不可省的，按此标准，例（1）、例（2）中的A“张三”、B“李四”因为都为人，是有生的，所以都不能成立。

我们认为，例（1）和例（2）比较别扭，不太能成立；实际上，这类受事主语句都是话题句，“张三”为话题，如果在后面的宾语位置加上复指成分，它们就可以存活了。如：

（1’）张三，李四骂了他。

（2’）张三，李四撞了他。

关于这两类句式的变换，已有的研究包括吕文华（1987）、王惠（1992）、王静、王洪君（1995）、王静（1996）、张云徽（1996）、刘月华（2001）等。他们的研究各有特点，但他们没有把这类句式称为话题句。本章的研究将借鉴已有的研究成果，并追求研究的全面性与系统性。同时，还将比较被字句与话题句在语义和功能上的差异。

第二节 Ⅰ类完全式与Ⅱ式的变换

2.1 研究对象

Ⅰ类完全式是指B出现的“A被B＋VP”式，Ⅱ式是指“AB＋VP式”。这两个句式语形上的差异表现为介词“被”的有无。为行文的方便，本节把Ⅰ类完全式简称为Ⅰ式。这两式的例子如下：

（1）花瓶被弟弟打破了。

（2）她被一场暴雨淋病了。（吕文华1987用例）

（3）饭我做好了。

（4）桌子他们抬走了。

例（1）、例（2）为被字句，是Ⅰ式。例（3）、例（4）为话题句，是Ⅱ式。

两种句式的转换研究，我们以Ⅰ式为视点，只讨论两种情况：一是Ⅰ式不能转换为Ⅱ式；二是Ⅰ式可以转换为Ⅱ式。表述为：

（一）Ⅰ式 —/— Ⅱ式

（二）Ⅰ式 ——Ⅱ式

我们对语料库例句进行了分析，759 例被字句中，有Ⅰ式共 253 例，Ⅰ式可以转换为Ⅱ式的有 16 例，占 6%；不能转换的 237 例，占 94%。不能转换的又受到句法、语义等方面的制约。本节在转换后去掉了“被”的地方，用符号[ ]来表示，以便比较。

2.2 句法制约

Ⅰ式能否转换为Ⅱ式，受到句法、语义和语息等多方面的制约。我们首先来看句法的制约，这表现为某些特定的被字句不能去掉“被”变为合语法的句子。

2.2.1 Ⅰ式为“被……所……”格式

吕文华（1987）指出被字句为“被……所……”格式时，转换不能成立。事实的确如此，例如：

（1）这一打量不要紧，才两三家，我们就已被一种从未领略过的气势所压倒。（余秋雨《抱愧山西》）

—/— *……我们就已[ ]一种从未领略过的气势所压倒。

（2）他深知世俗友情的不可靠，因此绝不会被一个似真似幻的朋友圈所迷惑。（余秋雨《遥远的绝响》）

—/— *……因此绝不会[ ]一个似真似幻的朋友圈所迷惑。

（3）小轿车曾经流行过一阵，但很快被“麻木的士”所淘汰。（池莉《太阳出世》）

—/— *……但很快[ ]“麻木的士”所淘汰。

（4）老人被疾病所折磨。

—/— *……老人[ ]疾病所折磨。

“被……所……”格式是文言句式的遗留，具有相搭配出现的稳固性，“所”

因“被”而产生，自然不能脱离“被”而在句中单独存在。在语料库中，有 16 例“被……所……”句式，都是不能转换的，如下：

(5) 30 分钟的演讲不断被热烈的掌声所打断。

(6) 孙子的军事思想不仅为中国历代军事家及君王所信奉，而且也被当今西方现代强国所推崇。

(7) 这一武器一旦被群众所掌握，就会变成改造社会、改造世界的巨大物质力量。

—— 这一武器群众一旦掌握，……

如果把“被”和“所”同时去掉，句子理论上是有可能成立的，不过我们找到的 16 个例子中都不能成立，大部分是受制于状语，如例 (7)。只有把副词“一旦”后移，句子才可以成立，这时句子为话题句。

2.2.2 状语的制约

“被”前状语的出现对 I 式转换为 II 式具有强制性的否定作用，就是说当“被”前出现副词、助动词、形容词等各种成分做状语时，I 式一定不能转换为 II 式。因为 I 式去掉“被”后，施事成分就变成了主语，状语是不能直接位于主语之前的。这种现象又可以分为两种情况：其一，“被”前没有状语时，转换成立，加了状语后，转换就不能成立了；其二，“被”前没有状语时，转换不成立，加上状语后，转换自然更不成立。第一种情况例如：

(1)

酒被他喝了。——酒 [ ] 他喝了。

酒都被他喝了。—/— * 酒都 [ ] 他喝了。—— 酒他都喝了。

(2)

三等舱的食堂被她们占据着。—— 三等舱的食堂 [ ] 她们占据着。

三等舱的食堂永远被她们占据着。(老舍)

—/— * 三等舱的食堂永远 [ ] 她们占据着。

——三等舱的食堂她们永远占据着。

(3) 所有的馒头全被他们吃了。(李临定 1986 用例)

—/— * 所有的馒头全 [ ] 他们吃了。

—— 所有的馒头他们全吃了。

上两例都是“被”前没有状语时，Ⅰ式可以转换为Ⅱ式;“被”前加上状语后，转换就不能成立了，因为这时Ⅱ式本身不能成活。其中，例（1）是副词状语，例（2）是形容词状语。至于例（3），因为A含有表全称的“所有的”，所以A显现数量，要求谓语也显现数量，因此表总括的状语“全”不能省，这一点跟上两例不同。不过，当把Ⅱ式中的状语由主语前移至动词前时，Ⅱ式就成活了。

第二种情况例如：

(4) 盐罐子是黑陶的，看去潮乎乎的，仿佛早被咸盐腌透了。(刘庆邦《到城里去》)

—/— * 盐罐子是黑陶的，看去潮乎乎的，仿佛早 [ ] 咸盐腌透了。

(5) 天台山公寓的生意并不被这两面招牌限制住。(李珊 1994 用例)

—/— * 天台山公寓的生意并不 [ ] 这两面招牌限制住。

(6) 小张在大街上被流氓打了一顿。

—/— * 小张在大街上 [ ] 流氓打了一顿。

(7) 韩起祥每一次被领导接见回来，心情就烦躁……(贾平凹《艺术家韩起祥》)

—/— ? 韩起祥每一次 [ ] 领导接见回来，心情就烦躁……

上例都是“被”前没有状语时，转换不能成立，“被”前有状语时，转换也不成立。其中，例（4）和例（5）是副词状语，例（6）是介词结构做状语，例（7）是数量词做状语。

“被”字结构后的状语则对转换没有制约作用，例如：

(8) 酒被他全喝了。—— 酒他全喝了。

我们在语料库中找到的 253 个Ⅰ式被字句中，因为状语的原因不能成立的有 82 例。如下：

(9) 但我回归祖国决心已定，怎么劝说、挽留，都被我婉言谢绝了。

—/— * 但我回归祖国决心已定，怎么劝说、挽留，都 [ ] 我婉言谢绝了。

—— 但我回归祖国决心已定，怎么劝说、挽留，我都婉言谢绝了。

(10) 听了老编辑史林子、王济民等同志的热情介绍，我深深地被他们的童心和热忱感动了。

(11) 老师傅高兴地夸奖说："小嵇没有被几块奖金绊倒，像个团员样子。"

例 (9) 去掉"被"不成立，但是如果把副词"都"移位到主语之后、谓语之前，则可以成立。

2.2.3 一个特例：B = "人"

对于Ⅱ式的句法结构，我们认同的说法是 A 为话题，B 为主语，VP 是谓语 ①。据此，Ⅰ式与Ⅱ式相比，最大的区别在于 B 由Ⅰ式中的介词宾语变为Ⅱ式中的主语，因此，B 能否做主语，也成为变换能否成立的一个制约条件。当 B 为不能单独做主语的成分，如表不定指的"人"时，变换不能成立。例如：

(1) 他被人打死了。

—/— * 他 [ ] 人打死了。

(2) 万一自行车被人偷走了，她不知会心疼成什么样呢。(刘庆邦《到城里去》)

—/— * 万一自行车 [ ] 人偷走了，她不知会心疼成什么样呢。

—— 万一自行车小偷偷走了，她不知会心疼成什么样呢。

(3) 无法躲藏于家乡的湖底，无法奔跑于家乡的湖面，那就陈之于异乡的街市吧，即便被人踢来踢去，也能铿然有声。(余秋雨《乡关何处》)

—/— *……即便 [ ] 人踢来踢去，……

—— ……即便别人踢来踢去，……

例 (1) 不成立还可以说是因为 A、B 同为有生物，且没有语义级差。例 (2)、例 (3) 不成立就完全因为 B 是"人"，此时，如果把表示不定指的单音节"人"变为其

① 屈承熹、纪宗仁等，2005，《汉语认知功能语法》，黑龙江人民出版社。

他表人词语，如“小偷”“别人”等时，转换后的句子就可以成活了。

值得说明的是，单音节名词“人”本身是可以用在主动宾句中做主语的，它不能在受事主语句中做主语主要是因为音节的问题。例如：

(4) 人$_1$需要不断学习。

(5) 人$_2$都走了，你还说这些做什么？

(6) 那棵树被人$_3$整过枝。

—/— * 那棵树人整过枝。

—— 那棵树有人整过枝。

上文（第二章1.2.3小节）分析过，例（4）、例（5）中的两个“人”，同为主语，同形同音，但是指称性质不同，“人$_1$”是通指所有的人，是类指，“人$_2$”则是指具体的某个人，是有定的。例（6）的B“人$_3$”则是指某个或某些人，是不定指的。不过因为有定成分和不定成分其实都可以做主语，所以“人”成为主语，句子不能成立，可能是音节的问题，如例（6），句子改为“那棵树有人整过枝”，就可以成立了。

我们找到的253例I式被字句中，B为“人”的有15例，都是不能转换的。

(7) 我被人推醒，只见一个臂缠红袖章的小伙子站在我的面前。

(8) 龙信，也曾被人称为皮包公司。

(9) 不知过了多久，他发觉自己坐在自行车的后座上，两只胳膊被人架着。

在汉语中音节的问题不是一个小问题，有时直接制约句子的成立与否。除了“人”以外，我们还发现几例单音节B被字句，影响了句子的转换。例如：

(10) 月牙泉周围被沙围困，只留东北一山口。

(11) 56030部队王军来信说：去年春节期间，我部接连发生了3起因用汽油煮饭、炒菜造成的烧伤事件，先后有10人被火烧伤，其中有一家3口人竟无一幸免。

例（10）、例（11）的B是单音节的“沙”“火”，如果换为双音节“黄沙”和“大火”，则更易转换。

2.2.4 去掉“被”则成分缺省

“被”是“A 被 BVP”句式的标志字眼，在句法、语义、传息等各方面都起着重要作用，去掉“被”后，句子通常难以成立。大部分的句子转换后不能成立，是因为缺少复指性成分。我们在语料库中找到的 253 例被字句中，有 124 例被字句因为缺少复指性成分，所以不能转换为话题句，占了一半的比例。缺失的复指性成分有各种类型，包括“把”字结构、宾语、停顿或提顿词等。下面是缺失“把”字结构的例子：

（1）他带领战士押运弹药，被暴徒开枪杀害。

——他带领战士押运弹药，暴徒开枪 [把他] 杀害。

（2）在违法分子百余次行贿和威胁面前，他们不动心，不退却，坚持斗争，被群众誉为“攻不破的关卡”。

——……群众 [把他们] 誉为“攻不破的关卡”。

（3）刘老太在挣扎过程中，丢失了赖以支撑行路的拐杖，被甄建平随手扔进了旁边的粪池。

——……甄建平随手 [把它] 扔进了旁边的粪池。

（4）在封瓶口的纸上印有“江河鲜牛奶”字样（查无此厂），每瓶售价三角，昨天被东山区工商局查获。

——……昨天东山区工商局 [将其] 查获。

上述例子缺失的是介词结构“把 NP”，补充出来以后，句子只能说由被字句变成了把字句，而不是话题句。这是因为受事成分承前省略，在前一分句做主语，所以难以看成后一分句的话题。

有些缺失性成分是宾语或从句中的主语等，例如：

（5）在青运会的一场男篮比赛中，解放军队七号王卓犯规，被辽宁队队员打了一掌。

——……辽宁队队员打了 [他] 一掌。

(6) 有的连队的“小木匠”，今天被这个干部找去做桌椅，明天被那个干部找去修门窗。

——……今天这个干部找 [他] 去做桌椅，明天那个干部找 [他] 去修门窗。

(7) 因此，基因武器被人们称为“世界末日武器”。

—— 因此，基因武器（呢），人们称 [之] 为“世界末日武器”。

(8) 它被人们称为一座“流动的工厂”。

—— 它（呢），人们称 [之] 为一座“流动的工厂”。

(9) 日前，被省有关部门确认已建成农村电气化县。

—— 日前，省有关部门确认 [他们] 已建成农村电气化县。

例（5）、例（6）受事成分承前省略，去掉“被”后，补充上宾语 / 兼语“他”后句子成立，例（5）由被字句变为一般主动句，例（6）则成为话题句。例（7）、例（8）受事成分位于句首，因此除了宾语“之”，还加上了停顿和提顿词，句子变为话题句。例（9）缺失的成分是宾语从句中的主语，句子变为一般主动句。

有些例句的缺失成分是完句成分“了”，例如：

(9) 家庭、事业、爱情被他统统抛弃了。

—/— ？家庭、事业、爱情他统统抛弃。

—— 家庭、事业、爱情他统统抛弃 [了]。

例（10）加上“了”以后成活度更高，本章 2.4 节有更多的分析。

有些例句转换后缺失的成分只是语音上的停顿或语形上的提顿词。例如：

(10) 这次比赛被国际田联列为 B 级水平的比赛。

—— 这次比赛（呢），国际田联列为 B 级水平的比赛。

去掉“被”变成话题句后，话题“这次比赛”后会有一个很短的停顿，或是要加上一个提顿词。

2.3 语义制约

2.3.1 A 与 B 的语义角色

A 与 B 可能具有的语义角色是制约转换能否成立的一个重要因素，因此，其判断标准是很多学者所关注的一个问题。如上所述，很多学者注意到 A、B[± 有生] 的特点对于转换的制约作用，比如王惠（1992）认为当 A 与 B 俱全时，二者有以下四种可能的搭配格局：

（ i ）A 有生、B 有生

（ ii ）A 有生、B 无生

（iii）A 无生、B 无生

（iv）A 无生、B 有生

在前三个格局（ i ）－（iii）里，被字句中“被”都不可省，例如：

(1) 我被他拉住不让走—/— * 我 [ ] 他拉住不让走（A 有生、B 有生）

(2) 她被一阵雷声惊醒了—/— * 她 [ ] 一阵雷声惊醒了（A 有生、B 无生）

(3) 路上的石子被太阳晒得烫脚—/— * 路上的石子 [ ] 太阳晒得烫脚（A 无生、B 无生）

这类被字句中的“被”，实际上起着标记施受关系的作用，因而是句子语义结构中必须有的成分，不能去掉。

当句子名词成分呈（iv）格局时，被字句中的“被”字都可以去掉，例如：

(4) a. 那本书被他拿走了。—— b. 那本书 [ ] 他拿走了。

(5) a. 那幅画被弟弟送人了。—— b. 那幅画 [ ] 弟弟送人了。

这类被字句中“被”实际上可以说是语义结构上的“羡余成分”。然而，正是这个“羡余成分”，使句子表达出了一种语用附加义：说话人觉得“不如意”“不企望发生”等“贬义”色彩。如例（4）、例（5）中左边的句子都比右边的句子多出一种说话人的主观评价意义。王惠（1992）的分析比较具有概括力，就 I 式转换为 II 式的情况来看，确实涵盖了大部分语言事实，不过，其分析过粗。例如：

(6) a. 老虎被武松打死了。—— b. 老虎 [ ] 武松打死了。

(7) a. 小偷被警察抓走了。—— b. 小偷 [ ] 警察抓走了。

(8) a. 帽子被风吹跑了。—— b. 帽子 [ ] 风吹跑了。

例（6)、例（7）都是 A 有生、B 也有生，为格局（i)，但是转换可以成立。可见并非所有 A、B 都为有生的被字句都不能转换为Ⅱ式。例（8）属于 A、B 都为无生的格局（iii），但是转换也可以成立，可见，并非所有 A、B 都为无生的被字句都不能转换为Ⅱ式。这其中是有规律可循的，我们在下文将具体讨论。

值得一提的是，例（6b）、例（7b）、例（8b）虽然都可以成立，但从语感上说，其成活度比例（4b）、例（5b）这样 A 无生、B 有生的句子要差一些。可见，A 无生、B 有生是转换中最容易、最自然的一类。下面我们具体来分析上述四种格局的情况。按照王静、王洪君（1995），我们把有生进一步区分为人、动物，其中包括由人组成的组织体的名称，如学校、机关、团体等。无生进一步分为自然力、事件、无生物等。

2.3.2 A 有生、B 有生

王惠（1992）认为，A 有生、B 也有生时，"被"不能省，我们在上面提到，这一分析过粗，内部还有很多问题。例如：

（1）我被他骗了。

—/— * 我 [ ] 他骗了。

（2）我被他看得有些心乱。（池莉《让梦穿越你的心》）

—/— * 我 [ ] 他看得有些心乱。

（3）他被老师批评了一顿。

—/— * 他 [ ] 老师批评了一顿。

（4）小张被我打了一顿。

—— 小张，[ ] 我打了一顿。

（5）张三被王老师派去找人扫教室了。

——张三，[ ] 王老师派去找人扫教室了。

（6）病人被医生救活了。

—— 病人，[ ] 医生救活了。

例（1）、例（2）很难成立，因为其 A 和 B 同为表人的代词，A、B 完全平等，之间没有语义级差。例（3）不成立是因为容易引起歧义。例（4）、例（5）、例（6）则成活度较高，因为A与B之间存在级差：例（4）A是名词，B是代词；例（5）A是姓名称谓，B是职务称谓；例（6）A与B在语义上是相对的，之间具有较强的语义级差，按照常识，一般都是“病人”被“医生”救活，因此，该例不会引起歧义。值得指出的是，例（4）、例（5）、例（6）中的话题句的成立也需要一定的语境，因此是不自足的，从语音表达上看，A与B之间都有一个短暂的语音停顿，以显示A为话题，这在语形上表现为A后有逗号。上例A、B都为人，下面来分析其中一个为动物的情况。

当A与B同为有生物时，Ⅰ式转换为Ⅱ式需要A与B具有强语义级差，所谓语义级差是指一个句子中不同名词充当某种语义角色的能力的差异（王静，1996）。比如，当A为动物，B为人时，转换容易成立；反之，当A为人，B为动物时，则转换不易成立。例如：

（7）小王被那只狼咬死了。

—/—？小王[ ]那只狼咬死了。

（8）那只狼被小王打死了。

——那只狼[ ]小王打死了。

对比上两例，“那只狼”为动物，非人，“小王”指人，所以例（7）不成立，例（8）成立。这说明，人类的语言反映了人们以人为本的观念，即同样为生物，却认为人类的施动力高于其他动物的施动力。所谓施动力，是指“施事”(agent）所具有的自动自发的力量，这种力量往往是一种事件发生的原动力（屈承熹、纪宗仁，2005）。

可见，虽然A、B同属于有生物，但是如果B的施动力高于A，两者之间存在明显的语义级差，去掉“被”，句子还是可以成立，不至于引起歧义。

2.3.3 A有生、B无生

按照王惠（1992）的观点，当A有生、B无生时，被字句中的“被”都不可省，事实确实如此。我们认为，其原因在于Ⅱ式，即“AB + VP”式，实际上是“B + VP + A”的变体，即传统主动宾句的变体，它要成立一般要求B有强施事性。而“A被B + VP”式中，B可为强施事性成分，也可为弱施事性成分（非意愿性成分），即归因性成分（张伯江，2001），所谓弱施事性成分（非意愿性成分）一般都是无生物。所以，当 B 为弱施事性的无生物时，Ⅰ式不能转换为Ⅱ式。例如：

（1）远道的客人被阴雨困住了。（张伯江 2001 用例）

—/— * 远道的客人 [ ] 阴雨困住了。

—— 远道的客人，阴雨 [把他们] 困住了。

（2）小张被一幅画吸引住了。

—/— * 小张 [ ] 一幅画吸引住了。

—— 小张 [呀]，一幅画 [把他] 吸引住了。

（3）他被胜利冲昏了头脑。

—/— * 他 [ ] 胜利冲昏了头脑。

—— 他 [呀]，胜利冲昏了 [他的] 头脑。

（4）我被汽笛声惊醒了。

—/— * 我 [ ] 汽笛声惊醒了。

—— 我 [呢]，汽笛声 [把我] 惊醒了。

上述四例去掉“被”都不能成立，如果再加上复指性成分，就都可以成立了。正如张伯江（2001）指出的，汉语里由及物动词构成的“主动宾”式一般不能容许非意愿性的成分做主语，只有一些“有标记的”句式，如把字句和被字句可以容纳弱施事性成分。可见，复指性成分的作用在于厘清其语义关系。

2.3.4 A 无生、B 无生

王惠（1992）指出，A 无生、B 也无生的格局，“被”不能省，即Ⅰ式不能转换为Ⅱ式，应该说大部分被字句是这样的。例如：

（1）天上的云被夕阳染成了红色。

—/— ？天上的云 [ ] 夕阳染成了红色。

（2）窗格子被秋风吹得瑟瑟作响。

—/— ？窗格子 [ ] 秋风吹得瑟瑟作响。

上两例 A、B 均为无生物的例子转换不能成立。不过，上文我们提到，这个归纳是有例外的，如：

(3) a. 帽子被风吹跑了。—— b. 帽子 [ ] 风吹跑了。

(4) a. 衣服被雨淋湿了。—— b. 衣服 [ ] 雨淋湿了。

上例属于 A、B 都为无生物，但是转换也可以成立，原因在于 B 为自然力，应该属于无生物中比较特殊的一类，因为它们具有较高的充当施事的能力，因此去掉“被”后，句子还是说得通的。可见，当 A、B 同为无生物时，如果 A 与 B 之间具有强语义级差（如 A 为一般无生物，而 B 为自然力），那么转换还是可以成立的。不过，值得说明的是，类似例（3）、例（4）这样转换成活的例子并不多，而且，就例（3b）、例（4b）而言，也只能作为问答句中的答句存在（帽子呢？帽子风吹跑了。）不能单独出现。

2.3.5 A 无生、B 有生

A 无生、B 有生是转换中最容易，最自然的一类，转换后的句子的成活率非常高，例如：

（1）那套书被小张借走了。

—— 那套书 [ ] 小张借走了。

（2）苹果被他吃了一个。

—— 苹果 [ ] 他吃了一个。

（3）她把香气四溢的咸牛肉锁进箱子里，被老鼠闻见了，半夜里，老鼠把她的箱子啃得咯嘣咯嘣的。（刘庆邦《到城里去》）

—— 她把香气四溢的咸牛肉锁进箱子里，[ ] 老鼠闻见了，……

（4）牟林森的手被我挡开了，对他我也说：没事。（池莉《让梦穿越你的心》）

—— 牟林森的手 [ ] 我挡开了，……

上述四例转换都很自然，转换前的被字句与转换后的受事主语句都是自足的，即作为独立的单句可以成活。王惠（1992）认为这是被字句可以去掉“被”的唯一格局，并且此时，被字句中的“被”都可以去掉，没有例外。这恐怕也是以偏概全的一种说法，实际上，A 无生、B 有生的被字句并非都能转换为受事主语句，我们前文提到过，转换还受到句法、语义和语息等多方面因素的制约，比如状语的制约。

2.3.6　句式语义制约

受“被”历史来源的影响，汉语被字句大都包含不如意的色彩，这是语法学界公认的一个事实。随着被字句的不断发展，因为受到各方面的影响，代表中性和褒义色彩的被字句渐渐多了起来，但仍以含不如意倾向的被字句为多数。因此，在Ⅰ式转换为Ⅱ式时，如果Ⅰ式包含强不如意色彩，就不宜转换为Ⅱ式。例如：

(1) 小张被歹徒打死了。

—/—？小张 [ ] 歹徒打死了。

(1’) 老虎被武松打死了。

—— 老虎 [ ] 武松打死了。

(2) 农田被洪水淹了。

—/—？农田 [ ] 洪水淹了。

(3) 我们安排好的事儿被小张搅和了。

—/—？我们安排好的事儿 [ ] 小张搅和了。

例 (1)、例 (2)、例 (3) 转换都不能成立，前两例我们固然也可以说其原因在于 A 与 B 的 [± 有生]，不过，比较例 (1) 与例 (1’)，仔细体会被字句与受事主语句的语义区别可以发现，被字句总有不如意的意味，蕴涵着说话人对 A 不如意遭遇的评价，而无“被”的受事主语句则不包含这种主观的评价性，更多的是一种客观叙述，给人一种轻描淡写的感觉。

2.4　转换成立

根据我们对语料库中 253 例Ⅰ式被字句的调查，转换能够成立的有 16 例，只占 6%。这 16 个例句可以分为 3 种情况。

第一类是被字句的主语承前省略了。例如：

(1) 这个社员找到席廷高，想让廷高跟公社讲讲情，被廷高拒绝了。

——这个社员找到席廷高，想让廷高跟公社讲讲情，[ ]廷高拒绝了。

(2) 他的这台“新戏”，唱出了社会主义新型农民的美德，被当地群众拍手叫绝。

——他的这台“新戏”，唱出了社会主义新型农民的美德，[ ]当地群众拍手叫绝。

(3) 投放市场后，被姑娘们一抢而光。

——投放市场后，[ ]姑娘们一抢而光。

(4) 20 多年来市属专业剧团不上“大世界”演出的惯例，被上海京剧院三团打破了。

——20 多年来市属专业剧团不上“大世界”演出的惯例，[ ]上海京剧院三团打破了。

第二类是被字句的主语没有省略。例如：

(5) 听见你们唱歌，觉得很美，有时候有的歌确实很美，有的歌被你们唱出来了，想想你们唱完歌就得穿上灰外衣，是不是有点不协调？

——……有的歌[ ]你们唱出来了，……

(6) 谷雨节前，肥乡县种子公司调进的七十五万斤玉米良种被农民抢购一空，全县玉米种植计划基本落实。

——谷雨节前，肥乡县种子公司调进的七十五万斤玉米良种[ ]农民抢购一空……

我们也发现了一些例子，虽然去掉“被”后句子也能成立，但如果加上“了”等结句成分会更好，可见，“被”字也有完形作用。例如：

(7) 39 块射击奖牌被 18 个国家和地区瓜分，苏联实力最强，共获 4 块金牌（占金牌总数的 30.8%）、1 块银牌、6 块铜牌（奖牌占总数的 28.2%）。

——39 块射击奖牌[ ]18 个国家和地区瓜分[了]……

（8）华芳第一旅馆报警：一个醉汉硬要旅馆安排一位无住宿证明的女青年，被旅馆拒绝，醉汉抡起了酒瓶……闻讯，三名民警裹紧大衣冲出派出所。

——……[ ]旅馆拒绝[了]……

第三类是那种在施事主语前加上“被”字，整个句子主要表达不如意情感的被字句。如下：

（9）莫非被某些不讲文明的游人乱抛食物把鱼弄死了吗？

—— 莫非[ ]某些不讲文明的游人乱抛食物把鱼弄死了吗？

这类被字句王力（1980）认为后代逐渐被淘汰了（详见第一章1.2.6和3.1.1），所以我们也只发现了1例，是个孤例。

第三节　Ⅰ类简化式与Ⅲ式的变换

3.1　研究对象

从Ⅰ类完全式到Ⅱ式，再到Ⅲ式，句子呈现出语形逐层缩减，语息逐层缺失的面貌。例如：

	Ⅰ类完全式	Ⅱ式	Ⅲ式
（1）	衣服被张三洗了。	衣服张三洗了。	衣服洗了。
（2）	家具被他卖了。	家具他卖了。	家具卖了。

上两例的Ⅰ类完全式被字句包含A、B与VP的足量信息，而且因为有“被”出现，句子蕴涵不如意或出乎意料的色彩。Ⅱ式与Ⅰ式相比，语形上少了“被”，语息上就没有不如意和出乎意料的色彩。Ⅲ式与Ⅱ式相比，语形上少了施事成分B，语息传达上也就缺失了施事信息，因此如果离开了上下文，听话人就不知道“衣服”是谁洗的，“家具”是谁卖的。

有些Ⅰ类完全式转换为Ⅱ式时不成立，转换为Ⅲ式时却可以成立。例如：

Ⅰ类完全式　　　　　　　Ⅱ式　　　　　　　Ⅲ式

（3）他被这事感动了。 —/— *他这事感动了。 —— 他感动了。

（4）我们都被雨淋湿了。—/— *我们都雨淋湿了。—— 我们都淋湿了。

例（3）、例（4）中Ⅱ式不能成立，是因为“这事”“雨”是非意愿性（non-volitional）的归因成分，不能在Ⅱ式中做主语。例（4）Ⅱ式不能成立还因为总括副词“都”只能位于谓语前，不能放在句子的主语前，Ⅲ式正好符合这一要求，所以可以成立。

本节主要以Ⅰ类简化式为着眼点，讨论Ⅰ类简化式能否转换为Ⅲ式的情况。我们在“语料库在线”网站中找到的759例被字句中，Ⅰ类简化式有506例，其中能转换为Ⅲ式的52例，占10%，不能转换的454例，占90%。

3.2 句法语义制约

由Ⅰ类简化式转换为Ⅲ式时，“被”前状语不再对转换具有制约性，因为施事B缺席，“被”去掉后，状语就直接位于谓语动词之前，这正是适合它的句法位置。例如：

（1）桌上的几筒卫生纸很快就被用去大半。（徐江善《中国高教之虞》）

—— 桌上的几筒卫生纸很快就[ ]用去大半。

（2）清朝终于被推翻了，但至今在很多中国人心里，它仍然是一种冤孽般的存在。（余秋雨《一个王朝的背影》）

—— 清朝终于[ ]推翻了，……

（3）可是，几乎每一所高校的教师都反映，如今的大学毕业生就业的时间被大大提前了。（徐江善《中国高教之虞》）

—— ……如今的大学毕业生就业的时间[ ]大大提前了。

（4）这种申述十分艰难，直到来自国外的文化考察者的来访，直到国内著名学者也来挨家挨户地打听，他的理由才被大体澄清。（余秋雨《贵池傩》）

—— ……他的理由才[ ]大体澄清。

例（1）、例（2）是“被”字结构前有状语，例（3）是“被”字结构后面有状语，例（4）是“被”字结构的前后都有状语，它们的存在都不影响转换的成立。例（2）“清朝终于推翻了”本来是可能有歧义的，但其下文排除了歧义的可能性，使该句只能做被动理解。

3.2.1　V 为单音节动词

在本章 2.2.3 节中，我们指出，当 B 为单音节名词“人”时，去掉“被”句子不能成立，并提到其原因可能是音节的问题。我们在分析 I 类简化式时，也发现了因为音节原因造成的转换不成立的情况，即当 I 类简化式中 V 为单音节动词时，不能转换为Ⅲ式，例如：

（1）一零四六年，范仲淹倡导变革被贬，……（余秋雨《洞庭一角》）

—/—＊一零四六年，范仲淹倡导变革 [ ] 贬，……

（2）其中有一个妖魔被追，竟逃下台来，冲出祠堂，观看的村民哄然起身，也一起冲出祠堂紧追不舍。（余秋雨《贵池傩》）

—/—＊其中有一个妖魔 [ ] 追，……

（3）当天夜里，卫宁也在“燕都”被捕。（王朔《一半是火焰，一半是海水》）

—/—＊当天夜里，卫宁也在“燕都”[ ] 捕。

V 为单音节动词时，“被”与 V 关系紧密，中间不能插入 B，此时“被”也不能去掉，否则句子不能成立。

在 506 例 I 类简化式中，V 为单音节动词的有 20 例，句子转换后都不能成立。例如：

（4）7 月初以来，江西、浙江、福建等省暴雨成灾，洪水泛滥，大批房屋倒塌，农田被淹，铁路受阻。

（5）父母被逼离家，天寒地冻旧病复发，4 天后才被乡亲们救往医院。

（6）战至二十分钟，柳海光接同伴传球后射门被挡，陈东插上补射破门。

这些例句中的“被 V 单”有合成一个双音节词的倾向，即表现出一定的稳定性与凝固性，去掉“被”句子说不过去。这样用法的被字句，都类似缩略语，并常出现于新闻标题，如：

(7) 偷自行车者被罚

(8) 南两姐妹被困冰洞七昼夜获救

(9) 三战士被处劳教

(10) 比前首相漏税被判入狱三年

3.2.2 去掉“被”则语义变化或成分缺省

对于Ⅰ类简化式转换为Ⅲ式，A可能具有的语义角色也是制约转换能否成立的一个重要因素。A的语义制约，即当A可能被误认为是VP的施事性成分时，Ⅰ类简化式“A被（B）+ VP”不能转换为Ⅲ式“A + VP”，因为这时即使转换后的句子可以成活，其意义也和转换前的句子大相径庭。反之，当A不可能被误认为是施事时，转换可以成立。例如：

(1) 他被打了一耳光。

—/— 他 [ ] 打了一耳光。

(2) 他被送走了。

—/— 他 [ ] 送走了。

(3) 家具都被卖了。

—— 家具都 [ ] 卖了。

(4) 待辣辣一个小时后从外面回来，书被拿走了。（池莉《你是一条河》）

—— 待辣辣一个小时后从外面回来，书 [ ] 拿走了。

例（1）、例（2）转换后的句子可以成立，但是意义变了，“他”由Ⅰ式中的受事变为Ⅲ式中的施事，例（3）、例（4）中的A“家具”“书”不可能认为是VP“卖”“拿走”的施事，转换成立。

我们对语料库语料的调查情况来看，Ⅰ类简化式有506例，其中不能转换的454例，其中除20例是“被V单”结构外，其他434例都是因为语义变化或成分缺省，占86%。产生语义变化的例如：

(5) 他们还被取消了县党代会代表的资格。

—/—他们还 [ ] 取消了县党代会代表的资格。

(6) 我们被要求天天穿校服，这与郭萌文章中所说的有明显不同。

—/—我们 [ ] 要求天天穿校服，这与郭萌文章中所说的有明显不同。

(7) 过了一会儿，他又被送了回来，不是送到原来的位子上，而是被送到了会场中央。

—/—过了一会儿，他又 [ ] 送了回来，不是送到原来的位子上，而是 [ ] 送到了会场中央。

上例转换不成立，都是因为 A 由受事变为了施事，语义角色发生了变化。比如例(7)，本来“他”是受事，是被送的对象，去掉“被”后，语感上就变成“他”送什么东西回来，而且送到了会场中央。

跟完全式相比，简化式施事成分不出现，因此去掉“被”后，有些虽不至于引起语义变化，也难免显得语义角色不够清晰。例如：

(8) 我就在附近，一下子被埋在土里，晕了过去。

—/—? 我就在附近，一下子 [ ] 埋在土里，晕了过去。

(9) 我立即被双手反剪，在口号声中，推上舞台，站在边侧。

—/—? 我立即 [ ] 双手反剪，在口号声中，推上舞台，站在边侧。

还有一些例句，转换不能成立是因为成分缺省。例如：

(10) 去年 12 月 11 日，55232 部队举行的年终总结授奖大会上，五连又一次评为先进连队，被授予一面奖旗。

—/—? ……，[ ] 授予一面奖旗。

—— ……，[部队] 授予 [他们] 一面奖旗。

(11) 平山镇法律服务所通过为镇办企业配备法律顾问，今年以来累计为企业挽回经济损失 85.4 万元，被誉为“企业保护神”。

—/—? ……，[ ] 誉为“企业保护神”。

—— ……，[人们][把他们] 誉为“企业保护神”。

例（10)、例（11）也并不会引起语义的变化，只是缺失了句法语义标记，总不太能接受，如果要转换为主动句，那只能在原句上同时添加上施事成分和受事成分。所以，我们把这类情况称为“成分缺省”。

有些例句是缺省了完句成分“了”。例如：

(12）因为这些事都有点影子，但都被歪曲，甚至歪曲得含意完全相反。(冯骥才《一百个人的十年》)

—/—？因为这些事都有点影子，但都[ ]歪曲，……

——因为这些事都有点影子，但都歪曲了，……

(13）这时背后“光啷”一声，街边楼上的一扇窗户玻璃被打碎，落英缤纷，滚滚黑烟冒出，……（王朔《永失我爱》)

—/—？这时背后“光啷”一声，街边楼上的一扇窗户玻璃[ ]打碎，……

——这时背后“光啷”一声，街边楼上的一扇窗户玻璃打碎了，……

(14）科举既然把读书当作手段，把做官当作目的，文化学和政治学上的人性内核也就被抽离；……（余秋雨《十万进士》)

—/—？……文化学和政治学上的人性内核也就[ ]抽离；……

——……文化学和政治学上的人性内核也就抽离了；……

(15）当新的一个世纪来到的时候，一大群汉族知识分子向这个政权发出了毁灭性声讨，民族仇恨重新在心底燃起，三百年前抗清志士的事迹重新被发掘和播扬。(余秋雨《一个王朝的背影》)

—/—？……三百年前抗清志士的事迹重新[ ]发掘和播扬。

——三百年前抗清志士的事迹重新发掘和播扬出来了。

例（12)、例（13)、例（14）去掉“被”以后，都要在句末添加助词“了”，转换的句子才能成活。例（15）受V的影响，要添加趋向补语“出来”和助词“了”，Ⅲ式才能成立。例（12）被字句的VP为光杆动词，其成立是因为有状语“都”，例（13)、例（14) VP本身为VR式。例（15）VP为两个动词构成的并列结构，都能够成活。

3.3 转换成立

我们在语料库中找到Ⅰ类简化式506例，其中能转换为Ⅲ式的52例，占10%。转换可以成立，主要有两方面的原因：一是不至于引起句法语义上的歧义；二是跟动词的属性有关。

3.3.1 非歧性

不至于引起句法语义上的歧义应该是被字句标记可以去掉的根本原因。52例可以转换的例句都有非歧性的特点。具体来说可以分为以下几种情况。

一是被字句的谓语动词是减损义动词，这也是被字句使用的典型情况，这时如果受事成分不会引起歧义，则可以去掉“被”。

(1) 结果“偷拿烟支”的现象逐渐消失，一个历史性的积习被根除了。

——……一个历史性的积习[ ]根除了。

(2) 另外，原定于2月14日在沙特举行的由沙特队对美国队的比赛也已被取消。

—— 另外，原定于2月14日在沙特举行的由沙特队对美国队的比赛也已[ ]取消。

(3) 如北京某书店曾登出广告要五折处理书，开业那天恰逢春节期间，人们蜂拥而至，人多书少，书竟被一抢而光，怨声载道。

——……书竟[ ]一抢而光……

“根除积习”“取消比赛”“抢光书”三例动词和受事之间具有语义上的强关联性，因此当受事提前成为话题，“被”是可以不出现的，因为不可能引起施受关系上的歧义。

二是被字句有结果补语，这些结果补语由表示贬义的形容词充任[①]。例如：

(4) 学生丰富多彩的科技、文体活动不见了，甚至音乐、美术等课程也被砍掉了。

——……甚至音乐、美术等课程也[ ]砍掉了。

① 王振来，2006，《现代汉语被动表述立体化研究》，大连：辽宁师范大学出版社。

(5) 三湖书院是在八年前被拆毁的，此举受到当地群众及海内外旅游者的强烈批评。

——三湖书院是在八年前[ ]拆毁的……

(6) 一阵凉风吹过，我们突然想到，老徐的右小腿曾在一次施工中被砸断过，便担心地说："徐厂长，你的腿受过伤，小心着凉。"

——……老徐的右小腿曾在一次施工中[ ]砸断过……

(7) 沉沉的一袋土投下去就被冲走了。

——沉沉的一袋土投下去就[ ]冲走了。

"砍掉、拆毁、砸断、冲走"都有缺失、损毁的含义，是典型的用被字句来表达的情境，从受事主语来看，分别为"音乐、美术等课程""三湖书院""老徐的右小腿""沉沉的一袋土"，这些名词所代表的事物都具有非自主的特征，不具有什么施事性。

三是被字句的动词为"V为""V在"结构。例如：

(8) 衢州产的"宫宝"口服营养液七月七日由新华社和国家体委推荐，被定为二十五届奥运会中国体育代表团饮用的滋补品。

——……[ ]定为二十五届奥运会中国体育代表团饮用的滋补品。

(9) 举重：我市选手王启新在110公斤级比赛中未能如愿，他的总成绩是330公斤，被列在第九位，未进八强。

——……[ ]列在第九位，未进八强。

(10) 一九八〇年，他被晋升为工程师，担任了生产技术组长；

——……[ ]晋升为工程师，担任了生产技术组长；

这些被字句都是中性的或褒奖义的，但因为都不会引起施受事上的歧义，所以"被"可要可不要。但是，这类句子到底用不用"被"，或者说是用"被"更多，还是不用"被"更多，可能跟具体的动词有关，详见本节3.3.3。

四是被字句的谓语由其他结构构成，也不一定表示贬损义。例如：

(13) 如今，强占的房屋被收回来了，父母已治愈出院。

—— 如今，强占的房屋[ ]收回来了，父母已治愈出院。

(14) 姐妹俩已被送往医院。

—— 姐妹俩已[ ]送往医院。

(15) 敌人是一定能被打败的。

——敌人是一定能[ ]打败的。

上例结构类型各不相同，也都不表示贬损义，但是都可以去掉“被”，可见，不引起歧义应该是被字句标记可以去掉的根本原因。

3.3.2 特殊动词

有些表示心理活动的动词，如“感动”“气”“吓”等，既可以用于Ⅰ类简化式被字句，也可以去掉“被”而成活，变为Ⅲ式，两式意义相同，不过一个为被动句，另一个却是主动句形式。例如：

(1) a. 他被感动了。

—— b. 他感动了。

(2) a. 奶奶被气死了。

—— b. 奶奶气死了。

(3) a. 妹妹被吓哭了。

—— b. 妹妹吓哭了。

上三例a句与b句相比，a句有“被”，b句无“被”，两句意义相同。但是a句为被动句，b句为主动句，两种句式性质迥异。这一现象的出现应该是与“感动”“气”和“吓”等动词本身的特点有关。具体来说，这些动词既可以做动作动词，也可以是形容词或状态动词。作为动作动词时，它们都是二价及物动词，具有使动意义：(动) 使感动；(动) 使人生气；(动) 使害怕（《现代汉语词典》(第6版)）。这时由它们组成的主动宾句可以转换为被字句。例如：

(4) a. 他的话感动了在座的人。

——b. 在座的人被他的话感动了。

——c. 在座的人被感动了。

(5) a. 你气死我了。

——b. 我被你气死了。

——c. 我被气死了。

(6) a. 你吓死我了。

——b. 我被你吓死了。

——c. 我被吓死了。

作为形容词或状态动词，它们都是一价的，表示人们受某种影响后产生的被动的心理反应。例如：

(4’) 在座的人感动了。

(5’) 我气死了。

(6’) 我吓死了。

根据《现代汉语词典》(第6版)，这时“感动”的义项是:(形) 思想感情受外界事物的影响而激动，引起同情或向慕。“气”的义项是:(动) 生气；发怒。这样的两个义项可以很好地解释“感动”和“气”的上述用法。但是,《现汉》对“吓 (xià) ”的解释只有一个义项：使害怕。我们认为，这一解释有失周全，这一义项是动作动词的用法。跟“感动”“气”相对应,“吓 (xià) ”也应该有两个义项，另一个是状态动词的用法，可解释为：害怕。可见，从表面上看，例 (4)、例 (5)、例 (6) 的c句可以与例 (4’)、例 (5’)、例 (6’) 自由地转换，实际上，两式中的V并不相同，属于同一个V下的不同义项。前一个是带使动意义的二价动作动词，后一个是一价的形容词或状态动词。

跟“感动、气、吓”性质类似的词，吕文华 (1990) 还提到了“饿、窘、激动”等。根据《现代汉语词典》(第6版),“饿”的义项为：1.(形) 肚子空，想吃东西 (跟“饱”相对)；2.(动) 使挨饿。“窘”的义项为：1.(形) 为难；2.(使) 为难。“激动”的义项为：1.（形）（感情）因受到刺激而冲动；2.（动）是感情冲动。可见，“饿、窘、激动”被字句和话题句也可自由转换，只是转换前后词语性质有差异而已。例如：

（7）我被饿死了。——我饿死了。

我被窘死了。——我窘死了。

我被激动了。——我激动了。

上述动词加“被”和无“被”，句子虽然差别不大，但是在语义和功能上，还是有所不同，具体来说，加“被”的例子有关涉施事和提示原因的作用。宋玉柱（1991）谈到要防止“被”字的滥用时，提到一个例子：

（8）“你你——”老人似乎被吓了一跳，颤巍巍倒退了两步，抖抖索索举起长烟枪。

宋文认为这里的“被”字就是多余的，因为主语虽为人，但与动词的受动关系十分明显，不必用“被”。宋文的观点值得商榷，上例实际上是很正常的一个句子，只是“被”在该例中的作用不是表明语义关系，而是关涉施事和提示原因。正如王静（1996）分析指出的，真正属于语义不清的无“被”句数量非常少，“被”的标明语义关系的作用也因此而大为降低。同时，根据她对大量书面语料的调查，发现即便那些各家公认不必使用“被”的句子，也几乎无一例外地使用了“被”，这也从反面对“被”字标明施受关系的作用提出了怀疑。由此可见，标明语义关系仅仅是“被”的作用中很小的一个方面，而不是全部。类似的例子还有很多，如：

（9）杨维治说：“你不当就是不革命，不革命就是反革命。”

我爹被吓住了，说：……（戴雁军《乡村事件》）

——我爹吓住了，……

（10）它知道那块石头下面有条蛇后，每一次经过那里，都忍不住想翻开石头看看，可是，每次翻开石头，它都看见了那条毒蛇，结果，每次它都会被吓晕过去。（须一瓜《淡绿色的月亮》）

——……每次它都会吓晕过去。

上两例也都可以去掉“被”，而不影响语义的表达。

3.3.3 从使用频率看动词的常态用法

Ⅰ类简化式转换为Ⅲ式后，有些句子也不会引起歧义，但是是否能说单靠个人的语感也很难定夺。这时我们会在语料库中查找相关 VP，看该动词或动词结构更常见的用法是怎样的。

比如，“评为”一词，我们在第二章 5.3 小节中提到，在 769 例被字句中，谓语为“评为”的有 77 例，比例达到了 10%，可见，“A 被（B）评为……”是使用率很高的一类被字句。因此，我们在“语料库在线”中专门搜索了“评为”，以厘清其用法。

我们一共找到了 151 例“评为”句，其中受事位于句首，而不用“被”的只有 5 例，占 3%，其他的 146 例“评为”句都用于被字句。不用“被”的如下：

（1）去年 12 月 11 日，55232 部队举行的年终总结授奖大会上，五连又一次评为先进连队，被授予一面奖旗。

（2）公社三次评比，都评了红旗大队，支部也两次评为五好支部。

因为比例过小，我们认定“评为”以加“被”的用法为常态用法。因此，我们认定“被评为”类句子不适宜去掉“被”变为话题句，因此这类转换不成立。

再如我们在语料库中搜索“用来”“用于”两类被字句，发现这两个动词以不带“被”字的用法更为常见。因此我们认为“被用来”“被用于”句中，“被”字去掉后，转换成立。

（3）它还被用来打捞沉船；英国打捞公司就曾用它在泰晤士河中，发现和打捞到 19 世纪沉没、被泥沙淤积几十米深的沉船和贵重物品。

——它还[ ]用来打捞沉船；……

（4）斯坦福大学激光物理学家罗伯特·贝埃说：激光项目大约 90%的投资被用于开发专用硬件设备，其中大多数是些特大的高能设备，丝毫没有商业意义。

——……激光项目大约 90%的投资[ ]用于开发专用硬件设备，……

又如，“解冻”一词，《现汉》的解释是：（动）冰冻的江河、土地融化。例句是

“一到春天，江河都解冻了”“拖拉机翻耕解冻的土地”“两国关系开始解冻”，可见，“解冻”是不需要用“被”的，可是我们在语料库中发现这样的例句：

(5) 有什么东西在他心底悄悄融化，他冰封已久的情感被解冻了。

—— ……他冰封已久的情感[ ]解冻了。

这样的例子我们当然认为转换是成立的。

3.3.4 句式语义

从来源和本质上来讲，被字句是含有不幸的意思的。因此，如果Ⅰ式含有强不如意色彩，那么就不宜转换为Ⅲ式受事主语句。例如：

(1) 我的自行车被偷了。

—/—？我的自行车[ ]偷了。

(2) 银行被抢了！

—/—*银行[ ]抢了！

例(1)被字句变换为话题句后，句子没有意义上的变化，A“我的自行车”仍然是受事，但是这个句子不太能够成立，其原因在于该句没有交际价值和使用价值。说话人对听话人说“我的自行车被偷了”，从交际目的上说是在陈述自己的不幸遭遇，多少都有表达对小偷的愤恨和希望博得对方同情的意思，用被字句就能很好地实现这一目标，但用客观陈述的受事主语句就不能，因此转换不能成立。例(2)也是这样。

第四节　被字句与话题句的差异

每一种句式都有特定的意义和功能，从一种句式转换为另一种句式，则其意义和功能必将发生或多或少的改变，不可能绝对等值。因此上文分析的Ⅰ式与Ⅱ式、Ⅲ式的转换可以成立，标准是语义和语息基本不变，即转换后的句子与转换前的句子相比，各成分之间的语义关系没有发生改变。实际上，两式在语义和功能上的差异是客观存在的。

4.1 不幸色彩

被字句蕴涵不如意、意外等语义特点，而相对应的话题句没有。例如：

(1) a. 酒被他喝光了。—— b. 酒他喝光了。

(2) a. 酒被他喝了一口 / 一半。—— b. 酒他喝了一口 / 一半。

上一组例句两式可以相互变换，不过从语义传达的角度来看，I 式凸显了某种不如意的色彩，II 式则不必具有不如意的色彩。可见，受“被”来源的影响，“被”字句依然具有“遭受”的意味。又如：

(3) a. 月饼被我吃光了。—— b. 月饼我吃光了。

(4) a. 月饼被我吃了一个。—— b. 月饼我吃了一个。

(5) a. 药被我吃了。—— b. 药我吃了。

值得一提的是，例（3）至例（5）施事成分是由说话人充当的，即在语形上为第一人称代词“我”。这时，说话人既是制造事端的人（“被认定的责任者”）又是直接或间接地蒙受其影响的人（影响蒙受者[①]），成为语义层面上的一种反身结构（即所谓“自作自受”）。因此，“被我”这种结构常常用来表达“自我批评”，整句话带有明显的不如意、不愉快甚至是“悔恨”的感情色彩（杉村博文，1998）。上例（3a）含有“月饼不该吃光”的意思，例（4a）含有“月饼不该吃”的意思，例（5a）则含有“药不该被我吃”的意思。而与它们相对应的 b 都没有这种主观化的色彩，只是陈述一个事实。

杉村博文（1998）指出，说话人（第一人称）充当汉语被动句的施事成分有三种情况：第一种是说话人将自己客体化，进行不带任何感情色彩的记述；第二种是我们提到的，为了进行“自我批评”，表达一种类似“自己种的苦果自己尝”的意思；第三种是为了进行“自我赞赏”，表达很不容易做成的事情“居然”或“终于”由自己做成了的意思。根据我们的观察和统计，第二种情况占大多数。

---

① 杉村博文（1998）认为汉语被动句所包含的负面感情色彩，如“不如意”“不愉快”等情绪，发自说话人的心理感受。他提出，功能句法学主张，在这种被动句里，说话人总是要站在受事者（主语）的立场上，把自己的“叙述视角”和“心理感受”都寄托在受事者身上来记述事情。

4.2　动态叙述性

被字句与话题句的区别还表现为被字句的动态叙述性较强，而话题句静态描写性较强。例如：

（1）街心铺的是青石，每块青石长三米，宽一米；石面早已磨得油光水亮，青色里透出红白相间的年轮一样的纹路。街两旁是木板做的房子，全都有阁楼，房子一间挨一间，门面用掺木炭粉涂成吉祥的红色。（池莉《青奴》）

（2）短短的时间里，河上船只往来如梭，樯帆如林，矶头上下，人声喧嚷，南来北往的客商接踵摩肩出入于各家店铺，新铺的青石板很快就被磨得和老街一样光滑如镜。（同上）

上两例出自同一作家的同一篇小说，从叙述方式上来说，例（1）是对静态景物照相似的描写，显示了一种状态，所以选用话题句；例（2）是对动态场面的叙述，所以选用被字句。并且，例（2）“被”的出现还有衔接上文与提示原因的作用，说明是“南来北往的客商”的活动导致了“新铺的青石板很快就被磨得和老街一样光滑如镜”。

关于被字句与受事主语句相比具有[＋动态]的原因，王惠（1992）做了较好的解释，她采纳了 Hopper & Thompson（1980）所提出的“广义及物性”概念来分析汉语句式，通过对汉语各句式中与及物性有关的一系列语法、语义特征情况的考察，确定了各句式及物性的高低。她认为，被字句在及物性连续统上的位置正处于典型描写句和典型叙述句中间的过渡地带。正是因为被字句在及物性连续统中所处的地位，使得它在表达功能上具有明显的二重性：在保持静态描写句型性质的同时，又带有一定的动作性、时间性，有时甚至可以参与推进事件的动态发展。而相应的受事主语句的及物性都比被字句要低。

4.3　归因性

本书第二章指出，被字句是一种带主观化色彩的句式，其句式意义可以概括为：说话人主观认定一个对象受到了某种动作行为的影响，并叙述了该对象受影响的状态。受被字句句式意义的影响，A 与 B 的语义角色分别为“被认定的受影响者”

和“被认定的责任者”。因此，B 出现的被字句，“被”就有追究责任者和归结原因的意味（李珊，1994），而无“被”的话题句则没有这种意味。例如：

（1）碗被他打破了。

（1’）碗他打破了。

比较例（1）与例（1’），可以发现，没有“被”，仅仅是客观陈述“碗”的遭遇情况；有了“被”的介引，“他”就成了说话人认定的事情发生的责任者或者说是引发事情的原因。

通过转换来探讨语言的规律，这是一种切实可行的方法，很多前辈学者都已证明了这一点。在已有的被字句的研究中，转换的方法也屡屡被用到，其中包括被字句与一般主动宾句的转换、被字句与把字句的转换、汉语被动句与英语被动句的转换等。本章主要讨论被字句与话题句的转换情况及其制约规律，以期通过比较更好地分析被字句的特点。

Ⅰ式与Ⅱ式、Ⅲ式之间的转换，从表面上看，只是“被”的有无，但由于“被”的特殊性和重要性，由于句式本身的系统性和稳定性，其有无对句子而言是牵一发而动全身的。因此，其转换问题表面上看是一个字眼的有无，实际上则既受句法的制约，还受深刻的语义和语息传达的制约。这些制约包括特殊格式的制约、状语的制约、成分缺省的制约、A 与 B 的语义制约、句式语义制约等。具体来说，被字句与话题句的转换能否成立，要受到以下一些制约：

1. 句法制约，即转换后的句子受特殊格式、状语等的影响在句法上不能成立，另外，去掉“被”则成分缺省或语义变化，是导致转换不能成立的最重要原因。

2. A 与 B 的语义角色制约，即 A 与 B 之间要具有较强的语义级差，B 的施动力要高于 A，这时转换才可以成立。

3. 句式语义制约，即如果被字句表示不如意事件的色彩突出，或受事主语句表示如意事件的色彩突出，就都不宜互相转换。

上述三点制约因素具有层级性，第一点是基础，具有强制性，其余两点则具有弹性和灵活性。

第五章　被字的新用法

第一节　缘起

《中国语言生活状况报告（2009）》（下编）将“被 ××”（被就业、被增长等）列为社会生活类十大流行语之一，并对其做了以下的分析：

在 2010 年 2 月 6 日揭晓的“汉语盘点 2009——用一个字、一个词描述中国与世界”活动中，“被”当选为年度国内字。“被”本是一个寻常的字，寻常的词，在句子里承担着表被动意义的功能。但 2009 年的“被”却打破了传统，打破了常规，发生了变异，不是用在及物动词前，而是用在像“就业、自杀”这样的不及物动词前，甚至是用在“股东、网瘾、慈善、高速”这样的名词或形容词、区别词前面，所表达的不仅仅是单纯的被动意义，而是传递出弱势群体对权势强加给他们的种种所表示出的委屈和无奈。可以说，“被”在 2009 年的历史年轮中刻下了深深的烙印，反映出百姓公民权利意识的觉醒。……表现出公众“我的权利我做主”的吁求，同时也是当下社会政治氛围比较宽松、百姓语言创造力得以充分施展的表现。

该报告从 2009 年语料中提取出新词语 396 条，其中“被 ××”结构 22 条，如下（按照出现频次的高低排列）：

被就业、被增长、被时代、被代表、被高速、被山寨、被上市、被自愿、被股东、被网瘾、被全勤、被死亡、被冠军、被捐款、被慈善、被留学、被艾滋、被医保、被民意、被当爸、被小康、被富裕

2012 年出版的《新词语 10000 条》列出 19 条“被 ××”结构，如下（按音序排列）：

被慈善、被代表、被富裕、被股东、被冠军、被就业、被捐款、被留学、被满

意、被全勤、被山寨、被时代、被死亡、被网瘾、被小康、被医保、被增长、被自杀、被自愿

跟《中国语言生活状况报告（2009）》相比，《新词语10000条》中少了“被艾滋、被当爸、被高速、被民意、被上市”等5例，增加了“被满意”和“被自杀”2例。

“被××”最早运用于“被自杀”。而“被自杀”源于社会事件。后来，随着“被自杀”在网络的走红，一系列“被××”格式的结构，被纷纷创造出来，如“被就业”“被小康”“被英雄”等。《中国语言生活状况报告（2009）》把“被××”结构作为反映社会问题的年度新词语，说明了当年这类表达的影响力。“被××”的新，不仅表现为结构，也表现为意义，下面分别来看。

第二节 “被××”结构新旧用法的差异

“被××”结构流行以后，其兼容性也越来越强，“××”从VP逐步扩展至AP，甚至是NP，与“被”字的基本用法有了越来越大的偏离。例如：

（1）在统计就业率的背景下，部分高校的毕业生“被就业”。其中大多是大家都已经熟悉的“被要求就业”，即学校要求没就业的毕业生自己随便找个章盖在协议书上证明自己就业；而现在网帖曝光称也出现了个别“被瞒着就业”的情况，毕业生自己不知情就已经就业了。（新浪网2009年07月17日）

（2）上述统计数据“照例”受到一些网民质疑，不过这一次不再使用“我拖了全国后腿”之类的说法，而是套用新近火起来的“被”字句式，声称自己的收入“被增长”了。（新华网2009年08月03日）

（3）谭千秋“被英雄”，无论初衷是好是坏，都不能人为扭曲事实真相，那样只会适得其反。（新浪网2010年11月02日）

（4）原本在小康达标水平之下的群众，一夜之间就“被小康”了。（新华网2010年05月09日）

人们在使用"被 ××"词语群时还习惯于在上面打上引号，这说明该结构在语言系统中还是一个"新人"，尚不能跟周围的环境完全融合，处处都显得"新"和"异"。换句话说，如果语言系统是一部机器，那"被 ××"就是一个还没有磨合好的零件，机器运转到"被 ××"部位时总会显得生硬和卡壳。但也正是因为这个结构的"新"，它才更能吸引人的眼球。

不少学者注意到了传统被字句与"被 ××"之间的区别，如曹大为（2009），刘红妮（2010）等。概括起来，两者在形式上的区别主要表现为以下三点：

第一，传统被字句中的动词一般为具有较强处置性的及物动词，而"被 ××"结构中的"××"性质多样。如上述例子中的"被 ××"就有以下几种：

被 VP：被自杀、被就业、被增长

被 AP：被小康

被 NP：被英雄

第二，传统被字句中施事出现与否两可，如果不出现也是可以补出来的，而"被 ××"中的施事强制性地不能出现，这也说明"被"与"××"结合非常紧密，中间不能插入其他成分。

第三，被字句结构多样，而"被 ××"入句后结构比较单纯，主要都是"主语＋被 ××"。而传统被字句结构非常复杂，可以分为"A 被 BV"式、"A 被 BV 了 / 着 / 过"式、"A 被 BVR"式、"A 被 BVO"式、"A 被 BVP_1VP_2"式等五类。

我们知道，汉语里有一些由"被"和单音节动词构成的"被 ×"固定词语，例如"被迫""被捕""被俘""被围""被杀""被囚""被盗""被窃"等。这些词语是由同形的"被 ×"句法结构词汇化而形成的。这些"被 ×"和"被 ××"结构在用法上有很多相似之处，比如入句后结构比较简单，而且施事不能出现。但我们还不能以此说明"被 ××"已经词汇化了，只能说"被 ××"是一个短语结构，原因是：1）"××"语法性质多样，可以是动词（包括及物动词和不及物动词）、形容词、名词，从音节上来讲，可以是双音节，也可以是三音节甚至更多，如"被中产阶级"；2）从语义上来讲，"被 ××"意义的组合还有很大的临时性，不是表达一个凝固的概念。

3）具体到每个“被 ××”的实际用例，大多数再现频率不高，具有偶发性，只能看作是句法上的临时组合。由此可见，我们还不能说“被”已经从语法标记演变为词内成分，成为一个构词语素。比较准确的说法是，“被 ××”正处于词汇化的进程中，最后能否凝固定型被大众所接受，目前还很难说。

沈阳、黄新骏蓉在第八届汉语语法化问题国际学术研讨会①上发言时谈到：“被 ××”结构是一种致使型被动句，是受汉语“意动”“使动”用法与一般被字句三重影响的产物，或者说是兼具使动、意动与一般被字句综合性用法的被动句。受到这一观点的启发，我们把“被 ××”分为意动类和使动类。

第三节 意动类“被 ××”和使动类“被 ××”

3.1 意动类“被 ××”的语义槽

“被”的新用法受到了不少学者的关注，他们都注意到了这类“被 ××”中所包含的被动意义。如王灿龙（2009）认为，这种“被 ××”突显了“非自愿性”“被迫性”。彭咏梅、甘于恩（2010）也认为该类结构“被动”的意味减弱，而“非自愿、非自觉”的意味增强了。结合一系列“被 ××”的新用法，我们认为该表达除了具有“被”字结构固有的 [被动][不如意] 语素义之外，还表示 [否定]。即：

被 ×× = [被动]/[不如意] + [否定]

具体来说，“被自杀”可以表述为“怀疑不是自杀，却被鉴定为自杀”。

刚开始“被自杀”是区别与“非自杀”的，因为还没有证实是“谋杀”，而只是人们的怀疑，但是人们的怀疑是有偏向的，即怀疑举报人是“非自杀”，或者是“自杀”的背后另有隐情。这就是这一结构产生的原因，其意义可以表述为“被说成是自杀，但是人们怀疑不是（普通的）自杀”。后来这一结构中蕴含的否定意义被提取

① 该研讨会于 2015 年 11 月在中国人民大学举行，沈阳、黄新骏蓉发言的题目是《汉语动宾结构的特殊实现形式——兼谈汉语小动词隐含的语法化过程和句法类型的综合性表现》。

和加强，于是产生了一系列包含否定意义的“被 × ×”。

“× ×”的语法性质比较自由，这使得这个格式看起来比较光怪陆离，似乎没有共同性，其实不然。这些“被 × ×”所反映的社会现象都有“名不副实”的特点，比如“被就业”是说本来没有找到工作，却被说成是已就业了。也就是说，这类格式形式上的灵活多变皆受制于语义上的统一辖制，即它们在语义上都可以表述为“本来没有 / 不是 × ×，却被说成 × ×”。反过来说，只要符合“本来没有 / 不是 × ×，却被说成 × ×”语义，就可以进入“被 × ×”格式。

被就业＝本来没有就业，却被宣布为就业了。

被增长＝本来没有增长（那么多），却被宣布为增长了（那么多）。

被小康＝本来没有达到小康水平，却被说成已经达到了。

被中产阶级 / 英雄＝本来不是中产阶级 / 英雄，却被说成是中产阶级 / 英雄。

实际上，不少用例从上下文中已经清楚反映出了“被× ×”所具有的否定意义：

（1）被动的慈善不是慈善，权力胁迫下的慈善更不是慈善，只能是被慈善。（王寅 2011 用例）

（2）让群众从“被幸福”走向“真幸福”。（王寅 2011 用例）

从例（1）来看，“不是慈善”＝“被慈善”，例（2）中“被幸福”与“真幸福”的语义相反，即“被幸福”＝“假幸福”。

“被× ×”结构具有“[被动]/[不如意]＋[否定]”的语义特点，从语用功能来看，该结构具有如下特点：首先是强调了当事人的非自愿、不知情和被强加，其次从表述者的角度看，反映了表述者对事件的嘲讽，最后从阅读者角度来看，也会让阅读者产生荒谬感。

因为这一类“被 × ×”都可以进入“本来没有 / 不是 × ×，却被说成 × ×”语义槽，我们称之为意动类“被 × ×”。

3.2　意动类“被 × ×”的生成

对于“被”结构新旧用法差异产生的原因，学者们较多倾向于从语言外的角度去解释，认为是新的社会现象导致了新的语言现象的产生。这当然是对的，不过，因为任何新现象都是内因和外因交互作用的结果，“被 ××”结构的产生一定也有语言系统内部的原因。如上文所述，“被 ××”与“X 被称为 / 说成 Y”这类“被”字句具有渊源关系。

以“他被称为英雄”为例，如果一个人被称为“英雄”，从逻辑上来讲其实是有两种可能性的，一种是他的确是英雄，名副其实，另一种是他其实不是英雄，名不副实。在传统的被字句中比较多的是第一种情况，但是第二种可能性的存在为“被 ××”词语群的产生提供了条件。第一种情况的例子：

（1）四川被称为天府之国。

（2）这支军队被称为“铁军”。（《现代汉语八百词》用例）

我们再来看第二种情况：

（3）这年头丑女都被称为美女。

（4）救人而亡被说成自杀 12 岁小英雄惨遭谎言（新华网标题 2003 年 05 月 27 日）

“被 ××”结构其实就是第二种“被称为”的变体，其生成过程如下：

（5）a. 他被称为英雄（其实不是）。/ 他不是英雄却被说成英雄。

——b. 他“被英雄”了。

（6）a. 他们被说成是就业了（其实没有）。/ 他们没有就业却被说成了就业了。

——b. 他们“被就业”了。

比较 a 和 b 可以发现，b 其实是 a 的隐含了谓词的简化形式。b 既然只是某一种“被”字句的隐含形式，当然用法比较单一。另一方面，a 类“被”字句施事是很少出现的，因为不方便或没有必要说，而 b 类句子谓词都隐含了，体词性的施事当然就更不能出现了。

从含否定义的“被称为 / 说成”类被字句发展为“被 ××”结构，主要是使用了省略和提取的手法，例（5）和例（6b）说法都提取了标记词“被”和语义上最重要的词语，而否定副词“不是”“没有”也因为在形式上被删除了，所以其语义就加在了“被 ××”结构中的“被”上。比较 a 和 b，a 的两种说法虽然表达得完整全面，却远远没有b那种意犹未尽的感觉，b用略带幽默的语气反映了对现实的不满、无奈、非自愿。

语言中的这种省略现象是汉语“惜字如金”传统的延续，即用尽可能有限的语言形式，表达尽量多的意义内容。深究起来，“惜字如金”的背后其实是“惜时如金”，是节约成本的一种表现，这符合语言表达的经济性。

3.3　使动类“被 ××”的语义槽

“被 ××”结构开始流行以后，发展的速度非常快，从语义上看，除了含有否定语义的由“被称为 / 说成”类被字句发展而来的“被 ××”以外，还有一类似乎不太受人重视的“被 ××”，就是“被迫 / 被动……”类。比如：

（1）为了效益，员工“被加班”。

（2）交通堵塞让我们“被迟到”。

（3）广东廉江市横垌村的干部、村民就因为保护耕地而“被学习”了。（新浪网 2009 年 08 月 07 日）

上述“被 ××”都具有“被迫”和“被动”的语义特点，“被加班”“被学习”是“被迫加班”“被迫学习”，“被迟到”是“不得已迟到”。又如：

（4）高房价下租房结婚流行与其“被房奴”不如不买。（王寅 2011 用例）

（5）“奴”字时代，你被孩奴了吗？（王寅 2011 用例）

（6）女秘书就等于被“潜规则”？（新华网 2010 年 01 月 14 日）

上三例“被××”里，“××”都是名词，整个结构具有“被迫成为/不得已成为”，“被迫接受/不得已接受”的语义特点。“被房奴”是“被迫成为房奴”，“被潜规则”是“被迫接受潜规则”。

“被迫 / 被动”地做某事，其实就是因为受到外力的影响，因而做了某事；换言之就是外力使主语做了某事，因此我们称之为使动类“被 ××”。

使动类“被 ××”与意动类“被 ××”在形式和用法上很相似，因此目前已刊发的相关论文中还未见将两类加以区分的。总的来说，使动类“被 ××”在形式和结构上与意动类“被 ××”一致，在语义上则有很大的不同，前者符合“被迫”语义槽：【被迫 / 被动 V××】，后者符合否定语义槽：【本来没有 / 不是 ××，却被说成 ××】。

第四节 “被 ××”系列词语的类别

上文说到，《中国语言生活状况报告（2009）》中列出了 22 个“被 ××”，再加上《新词语 10000 条》中的“被满意”和“被自杀”，一共 24 个。除“被时代”和“被山寨”以外[①]，其他 22 例都可以归类为意动类或使动类。

	被 ××	释义[②]	语义槽	类别
1	被就业	指高校迫于压力，在毕业生不知情或没有就业的情况下代为签署就业协议或出具就业证明。	本来没有就业，却被说成就业了。	意动类
2	被增长	指实际数据没有增长或增长低于官方公布的数据，却被公布增长。	本来没有增长（或增长低于官方数据），却被公布为增长。	意动类
3	被代表	指百姓的意见被一些所谓的“代表”代表，而百姓真正的心声并没有机会倾吐。	被动地让人代表自己	使动类
4	被高速	指随着高速铁路开通，部分普通列车停运，低收入者的出行被迫要承担昂贵票价。	被迫接受高速铁路的票价	使动类
5	被上市	在本单位不知情或上市没有成为现实之前就被媒体报道或风传发行股票上市流通，2009 年主要指传言少林寺上市一事。	本来没有上市，却被说成上市了。	意动类
6	被自愿	指迫于种种原因去做某事却被冠以“自愿”之名。	本来不是自愿，却被说成是自愿。	意动类

① “被时代”为名词，“被山寨”比较特别，是“指某些名牌商品被仿造，或某些明星被模仿”的意思。其中名词“山寨”直接转为动词，意为“仿造，模仿”。

② 22 个“被 ××”中，前 20 个的释义都来源于《中国语言生活状况报告（2009）》，最后两个——“被满意”和“被自杀”的释义则来源于《新词语 10000 条》。

（续表）

	被 ××	释义	语义槽	类别
7	被股东	指某些明星或名人被谎称持有某种股票，以提高股价。多为股市的炒作行为。	本来不是股东，却被说成是股东。	意动类
8	被网瘾	指某些网瘾认定标准将正常利用互联网工作的人误划入网瘾患者范围之内。	本来没有网瘾，却被划入网瘾患者。	意动类
9	被全勤	指部分劳动者因工作繁忙而不能依法享受带薪年假，被迫出全勤。	被迫出全勤。	使动类
10	被死亡	指户口在本人不知情的情况下以“死亡”的名义被注销。	本来没有死亡，却被说成是死亡了。	意动类
11	被冠军	指在体育赛事中由于对手消极比赛、裁判有失公正、潜规则等原因而成为冠军的现象。	被迫当了冠军。	使动类
12	被捐款	指并非主动捐出，而是通过从工资中扣除等方式来捐款。	被迫捐款。	使动类
13	被慈善	指由于外部压力，被迫参与慈善活动。	被迫做慈善。	使动类
14	被留学	指并非情愿，或为躲避就业压力，或被父母强迫，或盲目跟风，被动地做出留学选择。	被迫/被动做出留学选择。	使动类
15	被艾滋	指没有艾滋病却被说成有艾滋病。	本来没有艾滋病，却被说成有艾滋病。	意动类
16	被医保	指一些学生被高校强制要求参加城镇居民医疗保险。	被迫参加医保。	使动类
17	被民意	指某些政府部门在做民意民主测评时通过某些手段歪曲民意，刻意制造出民意通过的假象。	本来不是民意，却被说成是民意。	意动类
18	被当爸	指在不知情、不自愿或无准备的情况下成为了爸爸。	被动地成了爸爸。	使动类
19	被小康	指没有达到小康水平，却被指认或被迫承认达到小康水平。	本来没有达到小康水平，却被说成是达到小康水平。	意动类
20	被富裕	指人们不认同自己的生活水平已达到某些机构或媒体上说的“上中等国家富裕水平”。	本来并不富裕，却被说成富裕。	意动类
21	被满意	不满意而做出满意表示的现象。	被迫做出满意表示。	使动类
22	被自杀	①动，不一定是自杀而被硬性定为自杀的现象。②动，活人被谣传自杀的现象。	本来不是自杀，或者没有自杀，却被说成是自杀。	意动类

统计可知,22个“被××”中，意动类12个，包括：被就业、被增长、被上市、被自愿、被股东、被网瘾、被死亡、被艾滋、被民意、被小康、被富裕、被自杀；使动类10个，包括：被代表、被高速、被全勤、被冠军、被捐款、被慈善、被留学、被医保、被当爸、被满意。前者占55%，后者占45%。

何洪峰、彭吉军（2010）认为这类“被××”中隐含有施事及其行为，并且，这些隐含的施事和行为在语境中可以找到或推知。他们认为隐含的行为$Ø_{VP}$可以分为四类，为了方便说明，我们列表如下：

	$Ø_{VP}$的类别	例子
1	归类、诉说、评议之类的行为	被（归为有）网瘾、被（说成）主动辞职、被（评价为）幸福
2	代替NP做X_{VP}	被（代替施行）慈善、被（代为）定制
3	强制NP接受某行为	被（强制接受）霸王（条款）、被（强行安排）休假
4	宣称NP遭受或有某行为	被（传说遭受）潜规则、被（议论企图染指）北极

该文称$Ø_{VP}$有四类，这一表述是有问题的，因为隐含不出现的行为$Ø_{VP}$除了四类主要动词之外，还包括其他成分，如“被网瘾”的$Ø_{VP}$是“归为有”，“被慈善”的$Ø_{VP}$是“代替施行”，“被霸王”的$Ø_{VP}$是“强制接受”等。另外，我们认为，把2类解释为“代替”也不太合适，因而把这四类动词合并为两类是合适的：1、4为意动类，2、3为使动类。

综上所述，“被××”结构与“被”字的传统用法差异虽然比较大，但也并非无章可循，从语义上看，比传统的“被”字结构多了[否定]或[被迫]语义，从语用功能上看，多了一些嘲讽和荒谬。“被”字的新用法，一方面是减省和提取的结果，因而是语言表达经济性的表现；从另一方面看，这其实也符合语言求新求异的趋向，特别是网络语言。

“被××”结构现在还基本上停留在一个表达对应一个具体事件的阶段，就是说这类表达法还不具有使用的自由性和普遍性。一个词语的新用法能否凝固为固定用法，取决于这种新用法的使用频率，而其使用频率又在某种程度上取决于该表达所反映的社会现象的出现频率。因此“被 ××”结构的用法能否稳固下来，或者说部分“被 ××”能否凝固成词，进入现代汉语词汇系统，还有待时间的考验。从目前的情况来看，“被 ××”在 2009 年开始流行之后，现在有式微的趋势，其发展只停留在当年的热点词阶段，并无进一步的发展。

参考文献

[1] 白　荃（1998）试论在句首的“由＋施事”结构的句法功能及其相关问题,《北京师范大学学报》(社会科学版）第6期。

[2] 曹大为（2009)“被”字新用法解读,《现代语文》(理论研究版）第11期。

[3] 曹秀玲（1997)V前受事结构的功能及其表现形式,《语言教学与研究》第2期。

[4] 岑玉珍（1994)“被”字句和“由”字句,《学汉语》第5期。

[5] 邓思颖（2003)《汉语方言语法的参数理论》，北京：北京大学出版社。

[6] 刁晏斌（1995)《朱子语类》中几种特殊的“被”字句,《古汉语研究》第3期。

[7] 丁声树等（1961)《现代汉语语法讲话》，北京：商务印书馆。

[8] 董秀芳（2009）整体与部分关系在汉语词汇系统中的表现及在汉语句法中的突显性,《世界汉语教学》第4期。

[9] 范　晓、张豫峰等（2003)《语法理论纲要》，上海：上海译文出版社。

[10] 范　晓（2004)三维语法阐释,《汉语学习》第6期。

[11] 方清明、王葆华（2012）汉语怎样表达整体——部分语义关系,《世界汉语教学》第1期。

[12] 冯地云（2010)“被××”的形成及其原因阐释,《文学界》(理论版）第5期。

[13] 冯胜利（1997)“管约”理论与汉语被动句,《中国语言学论丛》(第一辑)，黄正德主编，北京：北京语言文化大学出版社。

[14] 龚千炎（1980)现代汉语里的受事主语句,《中国语文》第5期。

[15] 古川裕（2003)现代汉语的“中动语态句式”，“汉语被动表述问题国际研讨会”论文。

[16] 郭圣林（2006)被字句的语篇考察,《汉语学习》第6期。

[17] 国家语言资源监测与研究中心编（2010)《中国语言生活状况报告（2009)》(下编)，北京：商务印书馆。

[18] 何洪峰、彭吉军（2010)论2009年度热词“被X”,《语言文字应用》第3期。

[19] 贺　阳（2004)从现代汉语介词中的欧化现象看间接语言接触,《语言文字运用》第4期。

[20] 贺　阳（2008）现代汉语欧化语法现象研究,《世界汉语教学》第4期。

[21] 洪心衡（1956)《汉语语法问题研究》，上海：新知识出版社。

[22] 胡　勇（2002）从汉语被动结构的演变看汉语注重话题的语言类型特征，北京语言文化大学硕士学位论文。

[23] 黄曾阳（1998)《HNC(概念层次网络）理论——计算机理解语言研究的新思路》，北京：清华大学出版社。

[24] 汲传波（2001）被动句中“被”、“让”的分工,《喀什师范学院学报》第1期。

[25] 江蓝生（1989）被动关系词“吃”的来源初探,《中国语文》第 5 期。
[26] 蒋绍愚（1994）《近代汉语研究概况》，北京：北京大学出版社。
[27] 金允经（1996）被字句中“被＋NP”的特点,《汉语学习》第 3 期。
[28] 劲　松（2004）被字句的偏误和规范,《汉语学习》第 1 期。
[29] 靳开宇（2010）“被 +××”式词语结构模式分析,《长春大学学报》第 7 期。
[30] 李临定（1980）“被”字句,《中国语文》第 6 期。
[31] 李临定（1986）《现代汉语句型》，北京：商务印书馆。
[32] 李临定（1988）《汉语比较变换语法》，北京：中国社会科学出版社。
[33] 李黔萍（1997）英汉被动句的限制条件,《外国语》第 1 期。
[34] 李　珊（1994）《现代汉语被字句研究》，北京：北京大学出版社。
[35] 李　炜（2004）加强处置 / 被动语势的助词“给”,《语言教学与研究》第 1 期。
[36] 李卫中（2000）与“由”字相关的句式和固定格式的考察,《平顶山师专学报》第 3 期。
[37] 李秀香（2001）英语意义被动句与汉语受事主语句的比较,《四川师范学院学报》(哲学社会科学版）第 2 期。
[38] 李英哲（2003）汉语被动形式发展的认知意义，“汉语被动表述问题国际研讨会”论文。
[39] 刘承峰（2003）能进入“把 / 被”字句的光杆动词,《中国语文》第 5 期。
[40] 刘丹青（2002）汉语类指成分的语义属性和句法属性,《中国语文》第 5 期。
[41] 刘海润、亢世勇主编（2012）《新词语 10000 条》，上海：上海辞书出版社。
[42] 刘红妮（2010“被 ××”新词的多角度考察,《汉字文化》第 3 期。
[43] 刘慧英（1998）论近古时期汉语的特殊“被”字句,《语文学刊》第 6 期。
[44] 刘继超（1997）“被”“把”同现句的类型及其句式转换,《江西师范大学学报》(哲学社会科学版）第 1 期。
[45] 刘继超、高月丽（1998）“被”“把”同现句与“被”字句比较研究,《陕西师范大学学报》（哲学社会科学版）第 3 期。
[46] 刘叔新（1987）现代汉语被动句的范围和类别问题,《句型和动词》，中国社会科学院语言研究所现代汉语研究室编，北京：语文出版社。
[47] 刘月华等（2001）《实用现代汉语语法》，北京：商务印书馆。
[48] 刘　云（2003）“被”字结构宾语隐现的制约因素，“汉语被动表述问题国际研讨会”论文。
[49] 陆俭明（2003）有关被动句的几个问题，“汉语被动表述问题国际研讨会”论文。
[50] 陆镜光（2003）事件结构和汉语被动句，“汉语被动表述问题国际研讨会”论文。
[51] 吕叔湘（1979）《汉语语法分析问题》，北京：商务印书馆。
[52] 吕叔湘、朱德熙（1979）《语法修辞讲话》，北京：中国青年出版社。
[53] 吕叔湘主编（1999）《现代汉语八百词》，北京：商务印书馆。

[54] 吕文华（1985）“由”字句——兼及“被”字句，《语言教学与研究》第 2 期。
[55] 吕文华（1987）“被”字句和无标记被动句的变换关系，《句型和动词》，中国社会科学院语言研究所现代汉语研究室编，北京：语文出版社。
[56] 吕文华（1988）“被”字宾语的有无，《第二届国际汉语教学讨论会论文选》，北京：北京语言学院出版社。
[57] 吕文华（1990）“被”字句的语义分析，美国《中文教师学会学报》第 1 期。
[58] 马贝加（2002）《近代汉语介词》，北京：中华书局。
[59] 莫红霞（2002）“被”字句中“被”字及其宾语的有无和句式功能考察，杭州师范学院硕士学位论文。
[60] 木村英树（2003）北京话“给”字句扩展为被动句的语义动因，“汉语被动表述问题国际研讨会”论文。
[61] 牛保义（2003）“被”字的语义数量特征和被动句，《暨南大学华文学院学报》第 2 期。
[62] 彭咏梅、甘于恩（2010）“被 $V_{双}$”：一种新兴的被动格式，《中国语文》第 1 期。
[63] 桥本万太郎（1987）汉语被动式的历史·区域发展，《中国语文》第 1 期。
[64] 屈承熹、纪宗仁等（2005）《汉语认知功能语法》，哈尔滨：黑龙江人民出版社。
[65] 屈哨兵（2008）现代汉语被动标记研究，武汉：华中师范大学出版社。
[66] 杉村博文（1998）论现代汉语表“难事实现”的被动句，《世界汉语教学》第 4 期。
[67] 杉村博文（2003）汉语的被动概念，“汉语被动表述问题国际研讨会”论文。
[68] 邵桂珍（2001）现代汉语无标志被动句及其功能探析，暨南大学硕士学位论文。
[69] 邵敬敏（1983）“把”字句和“被”字句合用小议，《汉语学习》第 2 期。
[70] 邵敬敏（2003）“把字句”“被字句”的认知解释，“汉语被动表述问题国际研讨会”论文。
[71] 沈家煊（1999）《不对称和标记论》，南昌：江西教育出版社。
[72] 沈家煊（2002）如何处置“处置式”——论把字句的主观性，《中国语文》第 5 期。
[73] 沈　阳、黄新骏蓉（2015）汉语动宾结构的特殊实现形式——兼谈汉语小动词隐含的语法化过程和句法类型的综合性表现，“第八届汉语语法化问题国际学术研讨会”论文。
[74] 施关淦（1994）关于“省略”和“隐含”，《中国语文》第 2 期。
[75] 施关淦（1999）句子：三个平面的语法研究的对象，《语法研究入门》，马庆株编，北京：商务印书馆。
[76] 石定栩（1999）“把”字句和“被”字句研究，《共性与个性——汉语语言学中的争议》，徐烈炯主编，北京：北京语言文化大学出版社。
[77] 石定栩（2003）表示被动的两种句式及“被”字句的归属，“汉语被动表述问题国际研讨会”论文。
[78] 石毓智、李　讷（2001）《汉语语法化的历程——形态句法发展的动因和机制》，北京：北京大学出版社。

[79] 石毓智（2003）被动式标记语法化的认知基础，“汉语被动表述问题国际研讨会”论文。
[80] 宋玉柱（1991）《现代汉语特殊句式》，太原：山西教育出版社。
[81] 唐钰明、周锡䪖（1985）论先秦汉语被动式的发展，《中国语文》第4期。
[82] 唐钰明（1987）汉魏六朝被动式略论，《中国语文》第3期。
[83] 唐钰明（1988）唐至清的“被”字句，《中国语文》第6期。
[84] 王灿龙（2009）“被”字的另类用法——从“被自杀”谈起，《语文建设》第4期。
[85] 王　还（1983）英语和汉语的被动句，《中国语文》第6期。
[86] 王　还（1984）《“把”字句和“被”字句》，上海：上海教育出版社。
[87] 王　惠（1992）从及物性系统看现代汉语的句式，《语言学论丛》（第十九辑）。
[88] 王　静、王洪君（1995）动词的配价与被动句，《现代汉语配价语法研究》，沈阳、郑定欧主编，北京：北京大学出版社。
[89] 王　静（1996）从语义级差看现代汉语“被”字的使用，《语言教学与研究》第2期。
[90] 王　力（1980）《汉语史稿》，北京：中华书局。
[91] 王　力（1985）《中国现代语法》，北京：商务印书馆。
[92] 王维贤（1985）说“省略”，《中国语文》第6期。
[93] 王　寅（2011）“新被字构式”的词汇压制解析——对“被自愿”一类新表达的认知构式语法研究，《外国语》第3期。
[94] 王振来（2003）被动表述式对能愿动词的选择及其认知解释，《汉语学习》第4期。
[95] 王振来（2004）结合语义考察有标记被动表述式的焦点（focus），《辽宁师范大学学报》（社会科学版）第5期。
[96] 王振来（2006）《现代汉语被动表述立体化研究》，大连：辽宁师范大学出版社。
[97] 王振来（2011）“被xx”的结构特点及语义研究，《辽宁师范大学学报》（社会科学版）第1期。
[98] 王志军（2004）及物性的典型研究，《外国语》第4期。
[99] 吴庚堂（1999）“被”字的特征与转换，《当代语言学》第4期。
[100] 吴庚堂（2000）汉语被动式与动词被动化，《现代外语》第3期。
[101] 吴门吉、周小兵（2004）“被”字句与“叫、让”被动句在教学语法中的分离，《云南师范大学学报》第4期。
[102] 吴门吉、周小兵（2005）意义被动句与“被”字句习得难度比较，《汉语学习》第1期。
[103] 萧国政（1997）《现代汉语语法问题研究》，武汉：华中师范大学出版社。
[104] 萧国政（2001）《汉语语法研究论》，武汉：华中师范大学出版社。
[105] 萧国政（2003）汉语被动句的用标类型与标记使用，“汉语被动表述问题国际研讨会”论文。

[106] 萧国政（2004）论21世纪现代汉语语法研究的内涵构成与发展选择，《华东师范大学学报》（社会科学版）第3期。

[107] 邢福义（1996）《汉语语法学》，长春：东北师范大学出版社。

[108] 邢福义（2004）承赐型“被”字句，《语言研究》第3期。

[109] 熊学亮、王志军（2003）被动句的认知解读一二，《当代语言学探索》，陈国华、戴曼纯主编，北京：外语教学与研究出版社。

[110] 熊仲儒（2003）汉语被动句句法结构分析，《当代语言学》第3期。

[111] 徐　杰（2003）被动句式与非宾格句式的一致与差异，“汉语被动表述问题国际研讨会”论文。

[112] 徐烈炯、刘丹青（2007）《话题的结构与功能》（增订本），上海：上海教育出版社。

[113] 薛凤生（1994）“把”字句和“被”字句的结构意义——真的表示“处置”和“被动”？，沈家煊译，《功能主义与汉语语法》，戴浩一、薛凤生主编，北京：北京语言学院出版社。

[114] 薛凤生（1997）古汉语中的主语省略与所谓的被动句型，《中国语言学论丛》（第一辑），黄正德主编，北京：北京语言文化大学出版社。

[115] 杨国文（2002）汉语“被”字式在不同种类的过程中的使用情况考察，《当代语言学》第1期。

[116] 蚁　坤（2000）汉语被动句的句法语义特征和使用条件，北京语言文化大学硕士学位论文。

[117] 游　舒（2004）HNC理论对汉语被动句的理解与处理，《第二届HNC与语言学研讨会论文集》，苗传江、杜燕玲主编，北京：海洋出版社。

[118] 游　舒（2005）被字句的语息表达对其成分消隐的制约与影响，《华中科技大学学报》（社会科学版）第3期。

[119] 曾常红（2004）现代汉语中“被”字与“把”字套用的句式，《语言研究》第1期。

[120] 詹卫东（1997）PP<被>+ VP_1 + VP_2 格式歧义的自动消解，《中国语文》第6期。

[121] 张伯江、方　梅（1996）《汉语功能语法研究》，南昌：江西教育出版社。

[122] 张伯江（2001）被字句和把字句的对称与不对称，《中国语文》第6期。

[123] 张　赪（2003）唐宋时期指人受事主语句的演变，“汉语被动表述问题国际研讨会”论文。

[124] 张国宪（1993）谈隐含，《中国语文》第2期。

[125] 张惠英（1989）说“给”和“乞”，《中国语文》第5期。

[126] 张谊生（2004）试论“由”字被动句——兼论由字句和被字句的区别，《语言科学》第3期。

[127] 张云徽（1996）“被”字句的变换，《开封大学学报》第1期。
[128] 张志公（1956）《汉语语法常识》，上海：新知识出版社。
[129] 周国光（1994）试析汉语被动句的习得机制，《世界汉语教学》第1期。
[130] 周国光（1997）《汉语句法结构习得研究》，合肥：安徽大学出版社。
[131] 朱德熙（1982）《语法讲义》，北京：商务印书馆。
[132] 朱　琳（2001）现代汉语动词带宾语的“被”字句，《语文学刊》第3期。
[133] 祖人植（1997）“被”字句表义特性分析，《汉语学习》第3期。
[134] Dowty, David(1991) Thematic proto-roles and argument selection. *Language* 67 (3): 547-619.
[135] Haiman, John. (1983) Iconic and economic motivation. *Language* 59: 781-819.
[136] Hopper, Paul J. and Sandra A. Thompson (1980) Transitivity in grammar and discourse. *Language* 56: 251-299.
[137] Shi, Dingxu (1997) Issues on Chinese passives. *Journal of Chinese Linguistics* 25: 41-70.
[138] 木村英树（1992）BEI受身文の意味と构造，《中国语》第6期（中译文载于 *Cahiers de Linguistique Asie-Orientale*，Vol.26，No.1：pp.21-35；1997年）。